后浪出版公司

《纽约时报》畅销书作者倾力之作

会赚钱的妈妈

[美] 克丽丝特尔·潘恩 —— 著

莫 方 —— 译

MONEY MAKING MOM

Crystal Paine

江西人民出版社

目 录

读者好评

过去十年我注意到的最激动人心的趋势之一，是越来越多的全职妈妈正在创造额外收入，她们把自己的爱好和热情转变成事业。这是一个爆发的领域！这也是为什么这本书让我如此激动，克丽丝特尔为努力奋斗的妈妈们提供了一本指南，告诉她们怎样去赢得一份在家也能做的事业。克丽丝特尔自己就是这样成功的，现在轮到你了！

——戴夫·拉姆齐

《纽约时报》畅销书作者，国际辛迪加无线电台节目主持人

克丽丝特尔是财务咨询领域的一缕清新空气，她在许多方面都很真诚且鼓舞人心。我和读者们总是非常期待听到她的建议。

——莎拉·史密斯，《社会名人录》执行主编

你正在为什么东西攒钱？家庭计划，和孩子一起的旅行，还是新家具？你有没有发现如果可以赚一点额外的钱，那么在支付每个月的账单时压力将会减轻很多？你是不是正在寻找一种方式，它可以发挥你的技能和天赋，且能正好满足他人的需求，或

满足你家人亲戚的需求？如果这是你的梦想，克丽丝特尔·潘恩在本书中会给你提供所有的实践步骤，帮助你梦想成真。听从这些极棒的建议，很快你将需要规划怎样更好地管理额外收入！

——迪·安·特纳，美国福乐鸡快餐公司副总裁，
《我很荣幸：超凡天赋的影响和极具吸引力的文化》作者

财富应该越来越多而不是越来越少，不是吗？我们都知道这一点。但我们有些人觉得自己被财务所困，不知道怎样前进。幸亏克丽丝特尔·潘恩的这本新书，《会赚钱的妈妈》，揭示了怎样走出困境，使我们能够用自己的财富造福他人。

——迈克尔·海厄特，《纽约时报》畅销书《平台》的作者，
博客 MichaelHyatt.com 的博主

非常感谢有机会阅读本书！我花了两天时间读完……真是意犹未尽。合上书本时，我有了许多的想法外加驱动力！我深受鼓舞，将以新的方式利用自己的天赋。克丽丝特尔的工作为经商的女性带来了很大鼓舞。

——莎拉

《会赚钱的妈妈》让我觉得自己能行。克丽丝特尔不仅鼓舞我，让我觉得自己做得到，还在书里提供了很多切实有效的诀窍，告诉我怎样应对失败和不安，怎样向前进，帮助我梦想成真。她鼓励我设定一些大胆的目标，但是她也告诉我要把大

目标分割成小目标，让它们看上去不那么难以企及。

——凯西

在很多方面我都要感谢这本书。这是一本手把手教你的书，内容包括找到你的赚钱能力，为什么要以及怎样发掘你的赚钱能力！这本书要求你以最好的方式深入挖掘，找到自己真正热爱的，做自己真正热爱的。这不是一本"放诸四海而皆准"或"照我的成功去做"的书，所以我很喜欢。读完这本书后你不会带着一种负担，觉得自己必须要解决这个庞大的项目怪兽，相反，你会拥有一种清晰专注的感觉，知道自己真正的热情在哪，我真的很喜欢这种感觉。

——瑞秋

非常高兴能够提前看到《会赚钱的妈妈》。我上周读了这本书，非常喜欢。通常我不会在书上做标记，但是读完后我发现这本书上满满都是圈出来的重点。这本书富有想法，而且这些想法都不是权宜之计，这是我最喜欢的地方。许多自助类的书想帮你一夜之间改变人生，但是这本书鼓励女性慢慢地、有目的地建立自己的事业。

——吉尔

《会赚钱的妈妈》所传递的信息，每个美国人都应该看一看。我很少在书上做标记或写笔记。这本书激发了我自己都没有意识到的创造力——在前几章我就构想出了一些商业点子。整本书随处可见我做的笔记。书里面不仅有许多实践诀窍和实例，核心内容还满是超越普通企业家的实质方法。读完这本书我感觉到了对未来的激情，当下应努力的现实主义，以及接受自己、利用自己的天赋的必要性。

——玛利亚

这本书是获得灵感的起跳点，鼓励你更加成功，促使你去改变他人的生活。

——卡丽

克丽丝特尔·潘恩的新书是实践和哲学的完美结合。它包含了大量实践步骤和练习，帮助女性将商业想法从模糊的概念变为现实，但是她描述的"为什么"才是最闪亮的部分。最近我读了许许多多有关商业和企业家才能的书，但这是第一本在我心中留下深刻印象的书，它促使我思考赚取额外收入的真正意图是什么。

——艾丽莎

克丽丝特尔·潘恩指导读者走出旅程的每一步，从识别一个人的技能、激情到决定一个人的人生使命，并且将这些要素和赚钱的事业联系起来。书中充满了实践性很强的建议，从培训自己，选择域名，发展事业到增加雇员。在阅读时，感觉就像和克丽丝特尔坐在一起，一边喝着咖啡一边讨论你的想法。

这并不是"快速致富"的方式，克丽丝特尔对自己失败的坦率也使得本书在同类型的书中给人耳目一新之感。读一读本书，你会充满勇气地开启自己的事业。

——凯伦

关于赚钱的方法，这本书给出了很多很棒的想法，但最重要的是，它启发我回报有需要的人。在我的财务（虽然很小）规划中带着帮助他人这一新目标，是我赚钱的一大动力。我非常感激这本书，它让我意识到我可以改变那些身处困境中的人的生活！

——伊丽莎白

我认为自己学识渊博，并且拥有高等学位。我曾怀疑这本书中是否有新的见解。然而，结果显示它不仅让人动力十足，而且还让我从中学到了寻找收入机会的新方法。我一定会将这些方法付诸实践。

——爱丽丝

克丽丝特尔在书中开诚布公，读这本书的感觉就像是你的一位密友一边喝咖啡，一边和你分享她的想法和故事。这本书不仅教会我零负债地生活、省钱以及为家人赚取额外收入，还给了我在这些方面有所作为的信心和动力。

——凯利

作为一名无孩、每天朝八晚五的女性，我发现这本书非常具有启发性，并令人鼓舞。它提供了很多关于怎样赚取额外收入支持你的家庭的想法，但更重要的是它启发了所有女性，不论她们的处境如何，去找到自己的热情，过好人生的每一天。

——杰西卡

在书的开头，我期望的是获得信息而不是被改变，获得指示而不是启示。显然我错了！从第 2 章开始，整个故事就不再是关于克丽丝特尔的了，而是关于我自己。我深思自己有什么样的独特天赋，服务于别人的同时还能赚钱。如果我能够为提升家庭的收入潜力作贡献，我能够实现哪些梦想？在家做全职妈妈，怎样做才不会损害我的能力？做家庭教育？在第 4 章，我开始考虑咨询事业。正如克丽丝特尔在第 3 章提示的，我开始研究并询问一些可能会愿意使用我的服务的朋友，但是立即发现自己一筹莫展，对执行计划准备不足。不用担心，克丽丝特尔还在书中讲述了失败的例子！失败是过程中的一部分。

我继续从头开始重新审视我的问题：我有什么样的独特天赋，服务于别人的同时还能赚钱？一天晚上，就在我准备睡觉时，灵光一闪，我想到了！我想到了一个似乎那么简单那么显而易见的商业点子，我不敢相信自己之前竟然没有想到。

——罗宾

从克丽丝特尔早期的母婴博客开始，我就是她的忠实读者，很高兴看到她个人和她的写作方式在这几年中的不断成长和进步。在我看来,《会赚钱的妈妈》是她目前为止最好的一部作品!内容丰富、详尽,不仅包括了克丽丝特尔自己在事业中的经验,还有其他妈妈们的经验。这本书对于那些寻找赚钱方法的人来说是必读之作。不论你处于人生的哪个阶段,如果你想要建立自己的事业,克丽丝特尔的鼓励和指导将会帮助你走向成功!

——斯蒂芬妮

关于在家赚钱这个主题,这是我读到的最好的一本书。我最喜欢的一点是它并不是教你一夜暴富。这本书不仅是关于怎样在家也能赚钱的,还关于找到自己的热情和技能所在,怎样稳步发展自己的事业,怎样取得工作和生活的平衡,怎样慷慨生活。克丽丝特尔引用了真实生活中各行各业的人的事例,这也是我喜爱本书的一点。这本书不仅是给全职妈妈看的,也是写给所有妈妈们的。

——丽莎

在过去三年中,我从未错过 MoneySavingMom.com 上的任何一篇文章。实际上,我是一名忠实的读者,甚至常常会翻看以前的文章,我真的以为无法从克丽丝特尔那听到更多新的东西了。我的意思是,毕竟我关注她好多年了。但是,读完《会赚钱的妈妈》的头几章,我很惊讶地发现,迄今为止我才刚刚触及她丰富的智慧和经验。这本书充满了很棒的建议、智慧和指导。

不像许多其他的赚钱类书籍,这本书适合于各种不同行事方式的人。克丽丝特尔没有把"财宝"藏起来,而是认识到服务他人的真正美妙之处,并且不断地提醒我们去产生影响,慷慨解囊。对我来说,当意识到自己能够给世界带来价值、能够改变他人生活时,倍感鼓舞。我真的很感谢《会赚钱的妈妈》中的这些元素。

——狄安娜

《会赚钱的妈妈》针对的是那些将每月预算削减到极致仍然入不敷出的人。它让你跳出思想的框架,鼓励你思考怎样利用自己的天赋和热情,帮助增加家庭收入。我很喜欢阅读这些想法和策略,它们帮助我实现了自己的目标。我觉得这些循序渐进的问题富有洞察力,帮助我停下来考虑自己真正在意的是什么。虽然我们都想在制订自己的家庭预算时有更多回旋余地,但这本书的最终目标是在财务上帮助许许多多的家庭,好让他们能够慷慨生活,给慈善机构或自己真正想要支持的组织捐赠更多。

——妮可

引 言

  艾什莉坐在厨房里,端着一杯热咖啡,对着空气发呆,似乎这样就可以不用面对桌上厚厚的缴款通知单。但是,账单堆在眼前,她无法视而不见。再加上不断减少的银行存款余额,化成耳语,喋喋不休。孩子们在隔壁睡得正香,艾什莉却在忧虑怎样才能改善眼前严酷的财务现实,好让她的家庭在将来不会摇摇欲坠。

  虽然艾什莉是虚构出来的,但她的境遇却并不罕见。也许就跟你有关。如今,许多人都过着"月月光"的生活,感受到金钱上的拮据,在助学贷款和信用卡欠款中窒息,琢磨着究竟该如何才能保证这个月的基本生活开支。也有很多家庭面临着财务困难,我收到过很多这方面的邮件和博客评论,我表示同情。虽然我并不能亲身感受他们的财务状况,但是我确实知道受困于有限的收入和绝望,还要试图找到赚钱(存钱)的办法,是怎样一种感觉。

  这正是我重视本书的原因之一,也促使我分享一些重要的教训。这些教训来自许许多多的试错,最终成功地帮助我家开辟了财务自由的道路。希望这些教训能够帮助你避免那些我曾犯过的错。

我写下这本书，是为了帮助女性提高收入并产生影响，同时也能保持一种事务优先级的健康平衡。不论你是正面临预料之外的财务危机而承受压力，还是期望有一些副业收入，或是作为家里的顶梁柱，本书都将带给你易于实践的想法，帮助你创业，或是帮助你找到一种新颖的方式来获得一份全职或兼职的工作。另外，本书还会激发你用赚来的钱做出改变——不论是帮助你的家庭获得更好的财务状况，还是为自己的激情和梦想慷慨解囊。

不管你是已婚还是单身，有孩还是无孩，依靠一份或两份收入，我都想要激励和鼓励你：

- 摆脱勉强度日的压力
- 不要因为银行对账单而绝望、气馁
- 不要为不确定的财务未来担忧
- 不要让生活没有目标

通过我以及其他各行各业女性的生活历程中获得的教训和智慧，我想挑战你并帮助你：

- 获得自由，勇于梦想，并设定长期财务目标
- 开启创新思维
- 按照优先级排序，有意识地为未来制定发展道路

•最好的是：在这个过程中能够帮助别人

　　我会展示真实生活中的例子，告诉你无论你觉得自己所处的财务状况如何糟糕，你都没有陷入绝境，或是跌落深渊。我会帮助你找到重新开始的道路。

　　对于创业精神，我向来非常推崇。我喜欢帮助人们去发现创新道路，去赚更多的钱。我也认识到保持一个平衡的视角是多么重要。现实是……

　　金钱买不到幸福。

　　金钱实现不了机会均等。

　　金钱解决不了你的情感问题。

　　金钱给不了你目标。

　　如果金钱能够实现所有这些，世界上最富有的人就会成为已知的最幸福、心理最健康的人了。实际上，世界上许多富有的人面临着婚姻破裂的现实，挣扎于抑郁症和毒瘾之间，就像那些没有七位数年薪的普通人一样。

　　只要管理得当，金钱会成为令人惊叹的工具和资源，不仅能让人们生存下去，还能促使人们为了人生目标而奋斗。它能够使人不至于饥饿受冻，能够为最贫穷的国家盖楼房、建学校、设医院。金钱还能够给营养不良的儿童带来营养和药物。你可以用金钱帮你的残障邻居付房租，也可以为你新寡的姨母购买食品百货。

　　过去几年，我和丈夫杰西利用我写书和写博客的收入，参与了国际致善协会（Compassion International，CI）的一个拯救儿童的项目，资助了 130 ～ 160 位多米尼加共和国的母亲和孩子。这个组织为处于贫困中的母亲和孩子提供食物、医疗、教育、面向市场的技能训练和精神指导。2012 年，我们有机会去了多米尼加共和国，去看看这个项目的进展情况。这趟旅行永远地改变了我们，在我们心灵深处留下感动，也让我们更坚定地去提供力所能及的资助。

我意识到这个世界上有许多迫切的需求。没有人能消灭世界范围内的贫困，但是如果每个人都能明智地管理自己的财务，我们就能慷慨解囊，在整体上产生强大的影响，帮助那些需要帮助的人。

财务自由有助于培养对生活的深刻视角，对事务的优先级进行重新排序，并且能够超乎想象地影响你的人生目标。

阅读完本书后，无论你的生活、银行存款、财务目标和事业计划（周、月度甚至年度）会产生怎样的变化（希望是好的方向），记住：明智地使用你的资源。谨慎地投资你的时间，充分利用你拥有的一切，这样就可以慷慨地祝福他人。因为这就是生活的重心。

如果你大步走入创业者行列，不仅能够学习策略以获得更多收入，还能够从赚钱的过程中找到意义和目标，我将感到由衷的激动。

1　财务自由第一步

> 许多人错误地认为只要有足够的钱，生活中的坎坷就
> 能烟消云散。那完全是胡扯，赚得更多本身并不能让人自
> 由。但是，认为更大的财务自由和对财务状况的掌控，不
> 能为你和他人带来更多的机会去扩大、分享和创造价值，
> 也同样荒谬。
>
> ——安东尼·罗宾斯

四周尽是震耳欲聋的声音。风雨交加，电闪雷鸣，此起彼伏。我们栖身的铝合金拖车在狂风中飘摇，显得愈加脆弱。十岁的我蜷缩在一个潮湿的角落，那么渺小，身边摆满了锅碗瓢盆，接满了从车顶车窗渗进来的雨水。

堪萨斯州威奇托地区在数小时内迎来了两场雷暴雨，它们的交汇造成了这次雹暴。这也是该州有史以来最严重的雹暴之一，经历过的人都心有余悸。在一辆濒临散架的拖车上等待暴

雨过去，又是另一种恐惧了。但在我父母的财务规划里，这不过是意料之中的。

我想，我是如此感激这一切。

是的，你并没听错，我很感激经历了可怕的雹暴，并且没有一个结实的地下室可以供我安身。虽然我不确定是否要感谢这场雹暴本身，但是我庆幸我的父母做出牺牲，过着一种金钱管理上反文化的生活。

这样节俭的生活方式和明智的财务决策，并非他们独自领悟得来，而是从他们的父母那里传下来的。爷爷教给爸爸的一件事就是：不要负债，除非是为了房子。我父母婚后一直谨遵这条教诲。

我六岁的时候，父母下决心要努力工作，舍弃不必要的支出，以便尽快还清房贷。他们省吃俭用，存下赚到的每一分钱来还房贷。我从未见过妈妈买新衣服，她或是自己裁衣或是去二手店；她还为我们理发、烤面包，总是买散装食品，购买任何东西都会找最省钱的方法。爸爸负责房屋和车辆的修理，有时他也会不知道怎么办，但他总能自学成才（我爸爸非常聪明，动手能力也很强）。我们总是物尽其用，穿旧衣，开旧车，并且学会了对这样的生活心满意足。

我父母的努力工作最终获得回报，他们偿清了房子的所有贷款，我还记得当时的激动之情。摆脱住房贷款的轻松和满足，即使是孩子的我也能感受到。不久之后，我父母又雄心壮志地奔向更高层次的财务水准了。他们梦想着自己造一座房子——

零负债。于是他们又开始积攒每一毛钱，思考着实现梦想的途径。

四年后，我父母找到了一块完美的地。他们花费了大部分积蓄买下了这块地，卖掉了已经还清贷款的房子。进展非常顺利，除了一个潜在的问题：新房子建好之前我们住哪？父亲很快提出了解决办法，从他供职的房地产开发公司租下了一辆单宽拖车。也就是我在本章开头提到的那辆拖车。

卡车沿着新铺的石子路，把拖车拉到我们刚刚买下的财产上，冒险就从这一分钟开始。我们要做的第一件事情是用水泥桩支撑住拖车，用绳子和木桩将它牢牢地固定在地面上。然后就是清理了。这辆拖车的每一寸都需要花大力气清洁。满眼所见尽是泥土和脏东西，从满是污垢的深蓝色地板到肮脏的廉价木头镶板，再到结满蜘蛛网的天花板。

经过几天的清洗，拖车终于能够住人了。我们一家七口把大部分所有物都放在一个存储站，把基本生活用品挪到了拖车里。最初几天，感觉就像在一个乡村小屋度假，但这种兴奋感很快就消逝了。

这个临时的家，没有烤箱，没有空调，也没有暖气，甚至没有一扇固定的门，只有一块商店门面一样的玻璃，保证不了半点隐私，也无法抵御堪萨斯的炎夏和寒秋。每次下雨拖车都会漏。整个夏天，我们经历了一场又一场的倾盆大雨，时刻担心着锅碗瓢盆接满了雨水后雨水会泛滥出来，以及塞在窗子缝隙里的毛巾无法再挡住雨水。拖车里也仅仅能放得下一台洗衣机，我们不得不晾干衣服。然而，频繁的雨天让我们大部分时间都无法晾晒衣服。而去自动洗衣房则如同跋山涉水，烘干衣服的过程也是漫长无比。

没有烤箱，我们就和各种各样的其他厨具作伴，学着用微波炉做生日蛋糕，还发明了许多用电煎锅和电焖烧锅就能做的菜式。没有空调，堪萨斯又干又热的夏天有时会令人难以忍受，我们就去洗冷水澡，或是站在风扇前来缓解酷热。秋天的堪萨斯又是另一幅景象，温度骤降，那年十月就下起了雪，非常罕见。酷热难耐的哀号于是变成了对寒冷的畏惧，我们裹着无数件毛衣和层层叠叠的其他衣物，蜷缩在一起，因为所有的外套和大多数冬天的毛毯都被扔在存储站了。

我提到糟糕的老鼠问题了吗？在清理拖车的时候，就有一些讨厌的老鼠在乱窜。我们曾以为只要清理干净，老鼠就会消失。然而并不是！常常一觉醒来就会在厨房发现老鼠的粪便，或是被这些披着皮毛的害虫半夜咬坏的东西。

虽然住在拖车里如此不便，但这段日子中曾有过的快乐记忆，已经根植于我们的人生。再回首，这段经历也是千金不换。搬进新家后我们进行了隆重的庆祝，不仅是因为我们终于有了一座有很多久违的便利设施的房子，还因为我父母完成了零负债造一栋房子的梦想。

我想说的是，祖父对父亲的叮嘱——永远不要为了房子以外的东西负债，以及我父母对这一理念的坚持和发扬，对我的人生产生了巨大的影响，特别是在看到还清房屋贷款后我父母有更大的财务空间去慷慨地帮助别人时。我始终对他们匿名帮助过许多不同的人这件事心怀敬意。他们不仅捐款给当地教堂，还为世界各地的传教士提供帮助，并积极帮助邻里，次数多到我也记不住了。

从我的童年到长大成人，再到和杰西组成自己的家庭，我父母提供给我的是财务自由的美好图景——生活和奉献。说真的，我和杰西能拥有现在的生活多亏了我父母和祖父母。如果不是他们的影响和榜样，在怀疑的阴影面前，我们将无法取得现在的经济地位，也无法全额付款买下我们的第一套房子。我们将永远感激！

财务自由的力量

财务自由这个词对不同的人来说有不同的含义。我曾让读者们衡量这个词对自己的意义，在此我想分享一些他们的想法。

对我来说，财务自由意味着：

- 无论每个月是否能收支平衡，都能养家，不用为此一筹莫展。
- 不用担心这个月要付哪些账单，怎样才能赚到钱买日用品，或是从哪能弄到一笔加油费保证自己能去上班，等等。财务自由还意味着能有一个储蓄账户，能够偿清债务。

• 足够买必需品，并能留下余钱满足自己的欲望。

其他的一些定义包括：

• 零负债
• 有储蓄
• 建立退休基金
• 支付潜在的医疗支出
• 为孩子建立大学教育基金

这些回应都很棒，但是，对我而言，财务自由不仅仅意味着更高的工资，更多的养老金，或压力更少的生活方式。我有一位叫梅根的读者曾说："增加收入能够让我们松一口气，去过想要的生活，去储蓄，去慷慨给予。"我很喜欢这一说法。她还和我分享了自己如何实现财务自由的故事，在这里我想把她鼓舞人心的话语传递给你：

> 我是一名特殊教育老师，六年来一直是一名学前老师，教有听力障碍的孩子。我和丈夫期待着养育第一个孩子的时候，我们希望我可以在家待产又能有一些兼职收入。因为我们决心要过零负债的生活，所以我必须要赚一些钱，即使节衣缩食，也要达到这一目标。
>
> 我研究了一个方案，通过我供职的学校，每周做一次

家庭访问教学，但这个方案目前只能提供每周三到四小时的工作。于是我在线搜索，看看有没有其他可以在家完成的活。一开始我接了一些神秘购物的兼职。这并不是理想的兼职，毕竟不是所有的商店都适合带着儿子去，不过还是带来了一些收入。

后来我无意中想到了在网上卖东西的点子。现在我就通过亚马逊联营仓储快递在亚马逊上卖东西，我喜欢这份工作！我会通过零售套利、淘旧货，以及从批发商那购买存货，然后直接送到亚马逊的仓库，由亚马逊来储存，卖出的时候也由亚马逊来运输，而我只要等着数钱就可以了。工作时间也非常随意，采购的时候可以带着我儿子，并且赚到的钱超乎想象，而我只需要穿着瑜伽裤待在家里。我慢慢悟出了"职场妈妈"的难处，但是这让我能够继续为家庭财务作贡献，维持我们想要的生活方式，并能够捐助他人。

你注意到梅根最后的感言了吗？她付出的辛苦努力，不仅能够让她的家庭生活宽裕，还让他们有能力去帮助他人。

朋友们，这才是财务自由的核心。在财务自由的状态下，你可以有意识地利用金钱，而不是重复过着月月光的生活，仅仅保证生存，竭力去实现收支平衡，付清每个月的账单。财务自由让你能够提前计划，提前储蓄，并且慷慨解囊，帮助他人。

我希望这本书能够带给你感悟和鼓励，并且帮你找到财务自由的可行策略。让你不用再生活在"将将够"的压力之下，让你不用在看到银行存款余额时感到绝望和气馁，让你能够赚到更多的钱，也让你能够实现财务自由并去帮助他人。

随时都可以做出改变

前面几段看似不现实，或许你会觉得我"画了一个大饼"。但我真的相信这种财务自由是可能的，并且能够为阅读本书的任何人所拥有。只要他努力工作，设定目标，创新思维，愿意付出，以及最重要的，永不言弃。

为什么我如此坚信这一点？因为我经历过。我和杰西结婚后就设定了家庭目标，包括零负债和随时保证手上有余钱可用。最重要的是，我们的目标是赚的比花的多，这样就能捐赠更多。我们渴望能够按家庭的箴言生活："过简单的生活，给别人生存的机会。"

最初，我们的大梦想似乎无法实现，考虑到我们结婚头几年还勉强依靠兼职收入过活。实际上，就像我在另一本书《告别生存模式》（*Say Goodbye to Survival Mode*）中记录的，那几年我们经常每个月赚不到 1000 美元。

为了保证零负债，也为了能够实现我们的愿景，多年来我们一直精打细算。只买必需品；只买付得起现金的东西；谨慎对待自己的消费习惯；严格按照制定好的预算生活；为了让我们俩的财务目标保持一致，我们无数次推心置腹地交谈（有时很艰难）；尝试了无数种不同的办法想要挣一些额外收入（其中有许多都失败了，本书后文将会谈到）；最终，我们通过MoneySavingMom.com 网站获得了固定收入。过程并不容易，但是我们设定了目标，付出了，努力了，最终踏上了财务自由之路。

就在我写作本书前的几个月，我们终于决定从堪萨斯州的威奇托搬家到田纳西州的纳什维尔。这次搬家花了三年的时间酝酿，经历了希望、忧虑、恳谈、混乱、哭泣和忠告，带给我们的将是很大的变化，因此难以抉择。这意味着我们告别家人和友邻，也意味着跨出地理上的舒适区，脱离我们大半生所知的一切（2014 年前，我从未在堪萨斯以外的地方生活过），还意味着要为了新房子、新城市、新州府去调整自己。

做出这样重大的跨越有很多原因，总结一句话就是：改变。

杰西需要改变。过去多年，杰西眼中的神采逐渐熄灭，他心中的激情也逐渐消逝，甚至他的脚步都不再轻松。2008 年他开始经营自己的律师事务所，看到他终于实现自己的梦想并能帮助越来越多的人，我实在很高兴。他很感激这次机会，但是经营这家高要求的律师事务所付出了巨大代价，他想要做一些不同的事。随着时间流逝，杰西想要重新捡起一些被长期搁置的法律和商业念头。另外，他也考虑在 MoneySavingMom.com 网站中担任管理角色。

我们的家庭也同样需要改变。我们喜欢住在堪萨斯，亲近家人。我们喜欢能够和他们常来常往，共度时光，亲密无间。

我们无比想念他们。但是杰西和我为各自的事业奔忙，这开始消磨我们的关系，我们无法像一家人一样拿出空余的时间来共享人生。我们渴望生活的脚步能慢一些，能更社区化一些。

最后一个原因，我们的事业也需要改变。过去几年中MoneySavingMom.com 成长迅速，虽然我对未来的发展和可能性很感激、很兴奋，但它也越来越难以掌控。因此，在 2013 年，我们招募了一家不错的管理公司来帮助我承担大部分的负担。纳什维尔正是这家管理公司的所在地，搬到那里能够随时举行团队会议、开发产品、促进业务增长。和远程操控相比，这样做让我们的事业发展更有效。

杰西不再经营繁忙的律师事务所而是在家工作，让时间更灵活，这正是我们需要的可喜的变化。我们喜欢待在家里，做一家人该做的事。杰西能够更多地参与我们每一天的生活正是我们期望的。我们也希望生活更简单从容，比起生产效率和待办清单，家人间的关系更重要。

做出这样重大然而必需的改变，我们全家之所以同意，是因为我们制订了一个坚实的计划，并能够按部就班地去完成，最终实现财务自由。我们付出了多年的时间和努力，在朝八晚五的日常工作之外，拥有了稳定的收入来源，于是我们可以退一步问问自己："未来我们希望自己的生活成为什么样子？"

意识到我们能够选择精简事业的规模、简化我们的生活，是一件非常美妙的事情。我们不必追求更多的事业成功、更多的金钱，或是更大的满足。我们拥有的财务基础能够让我们真正自由地做出最有利于我们的婚姻、孩子和长期目标的选择。

创建你的愿景

下面，我想让你暂停，思考一下，并在纸上写下你的愿景。但是首先，我想谈谈财务自由不是什么，来让你更加清楚让自己轻松生活的根本是什么。

财务自由不是：

- 只有拥有超强能力和令人惊叹的组织能力的女强人才能取得的大成就
- 快速致富
- 每天工作十六小时，燃尽生命
- 建立大事业或赚很多钱
- 利用别人让自己成功
- 为了一个想法或一项新事业牺牲与所爱之人相处的时间
- 有钱是为了更有钱

财务自由是：

- 做出的选择既符合自己和家人的利益，也符合长远目标
- 有大格局和创新思维

- 利用技巧和天赋

- 承担可控的风险，尝试新事物

- 把知识和可用的资源变成创收的点子

- 能够慷慨解囊

- 用时间和才能祝福别人，影响别人

    我希望你能够停下脚步，花些时间细想下自己所处的位置，也想一想财务自由对你来说意味着什么。

    也许你是单亲母亲，辗转于三份工作挣取一些小钱，却也只是疲于奔命。也许你是一名家庭主妇，丈夫被解雇了，而你需要赚些钱来渡过难关。也许你只是厌倦了每天朝八晚五打卡，做着毫无生气的工作，变得毫无动力，成就感更无从谈起。也许你厌倦了忙于赚钱应付贷款、房租、车贷或电费缴款单。也许你厌倦了从父母或好友那借钱度日。也许你想要让自己的预算更宽裕。又或是你想要帮助社区里那些无家可归者，帮街角的寡妇买些日用品，每年给第三世界国家的孩子提供一些干净的水。

    财务自由对你来说意味着什么呢？

    想想吧。我的意思是，好好地考虑一下这个问题。

    不要不假思索就让这个问题飞掠而过。你可能需要几分钟的时间去思考，或者你可能在阅读本章之前就已经有答案了。那么，就在下面的空白处写下你的想法吧。这就是你的愿景，我会在本书接下来的章节里帮你实现。

_____

_____

_____

_____

转换新思路

财务自由不仅仅是让自己的财务状况井然有序，它还表示在适当的空间获得精神上的满足。

你必须相信你能够靠自己立住脚跟，财务自由地生活。你要相信无论处于生命的哪个阶段或面对怎样罕见的情形，总会有能够奏效的备选项。要相信自己的愿景，做出积极的改变，推动自己前行，驱使愿景实现。（我将通过本书告诉你怎样做到！）

这并不是无稽之谈。实现财务自由需要工作和实践，也需要汗水和泪水。一路上坎坷挣扎，时有沮丧。放弃学步的婴儿永远学不会走路，半途而废的人也无法在财务上获得成功。

不要光想着实现财务自由意味着获得一份高薪的工作。我不知道有多少次收到人们发来的邮件，说希望自己也能有我们的财务状况，但是他们每年只挣 25000 美元，无法实现这个愿望。说实话，就在不久之前，25000 对于我们来说还是个需要大幅度加薪才能达到的标准，因为当时我们每个月才赚600 ~ 1000 美元。

　　当你意识到可能性，你就会明白，从来没有唯一或正确的道路。你可以马上开始！——开始明白获得收入的机会多种多样，本书将会介绍很多。过去十年中我学到了很多企业家努力和失败的经验。我也见过许多优秀的女性，本书中我将跟大家分享她们的故事。

2 你之所以成为你

我们并非无事可做。我们有能力，有天赋，有方向，
有任务，有使命。

——亚伯拉罕·马斯洛

我坐在床边，胃里一阵翻腾。仅仅想到苏打饼干就让我作
呕。我试着找回一些舒适感，但并不容易，特别是我的肚子越
来越鼓，周围全是乱七八糟的涂满了头脑风暴得到的各种点子
的笔记本电脑、标准拍纸簿和日记。心灰意冷又烦乱不堪，我
盯着电脑屏幕不住地叹气。

我发现自己第一次怀孕时，我的丈夫还在法学院读书。前
五个月我经历了强烈的孕期反应，不得不辞职在家做一个妈妈
助手*。虽然我希望做全职妈妈，但我知道我丈夫的收入不足

---

* 妈妈助手通常由年轻女孩担任，可能是青少年或大学生，为那些在家工作、
需要额外看护孩子的父母提供帮助。

以支撑我们全家的生活。然而，我想不出这辈子还有什么事情能在家里挣钱。我擅长很多事，却没有一项特别出彩，我想不出来可以靠哪一项赚钱。

以前，我做过许多副业，但没有一个适合在家做——尤其我还要照顾婴儿。我还记得当时的绝望，每周不间断地在网上寻找不需要启动资金的创业点子。我知道自己必须尽快解决这个问题。账单积累得比钱要快。但是，所有的冥思苦想，谷歌搜索和阅读的大堆创业的书，并没有什么结果，更多的是气馁。也许我根本不适合在家创业。坦白说，我甚至跪了下来祈求神明给我一些好想法。

无数次有人当面或在博客中告诉我，根本想不到自己擅长做什么，也不知道做什么才能挣到钱。也许你也有这样的感觉。也许你会摇着头说："克丽丝特尔，我真的有可能找到一种方法去挣一份收入吗？我是说，我知道有人成功了，但他们不一样。他们有天赋，有才华，有能力，而我呢？我一无所有。"

我思索着收到的这些邮件和博客评论，女性表达出来的这些想法，有数百条之多。塔拉，一位有三个年幼女儿的母亲，她写道：

> 我想不出能让别人雇我干什么。我不是华而不实的人。去当销售员有悖于我的性格。我想过卖些香体露或润肤乳，或做些手工香皂，但蒙哥马利市的天然化妆品市场非常有限，而在易集（手工艺品销售网站）上已经充斥着同类产

品了。并且这些东西简单便宜，很容易在家制作，我不明白别人为什么不自己在家做。

人们经常误以为我的博客能够成功是因为我本能地知道，写作和网络营销是我的专长。实际上，远非如此。我根本不知道自己的专长是什么，我跌跌撞撞经历了很多，做错了很多才发现自己的天赋。

回首看，我才发现自己在小时候就喜欢阅读，也喜欢写故事。我曾写过数十本日记，并且还和许多笔友通信（最多的时候，我同时和六十多名来自全国各地的人通信，其中很多人我每隔一个月就会写一封信）。

电脑刚出来的时候我也非常着迷，当时我还不知道网络的存在，几年后我长到十几岁，才猛然发现它的重要性。十四岁时，我买了一台二手电脑放在卧室。我花了大量的时间写作、绘图，制作简讯给小女孩们看。有个朋友还帮我建了一个简易网站，我就在上面学习建设网站，管理在线留言板，回复邮件。

很显然，如今我从事的事业正是我年少时的激情和兴趣所在，但是我花了好些年才反应过来。

发现的过程

如果你觉得自己经验不够，适应不了市场，或是缺乏技能，那你并不是一个人。许多女性都觉得自己无法为世界提供价值。

和其他女性比起来，她们觉得自己如此平庸，没有天赋。

但事实是：我强烈地认为，每个人都有其独特之处，也有其能力。就像我曾经历的，这些东西也许对你来说并不明显，你需要去努力、去尝试才能够发现，但你的确是能够给这个世界提供价值的，并且能把它转化成现实的收入来源。

现在，我会帮助你深入发掘深藏的天赋和深埋的宝藏。因为这个世界上只有一个你，这个世界需要你的付出。

为了帮你回答"我擅长什么，并能以此挣钱？"这个问题，让我们来探索你的技能和天赋，以及你的激情和知识。

技能和天赋

技能是指只要下工夫学习、努力练习就能学会的东西。反之，天赋是指天生就擅长的东西，如果你在这方面投入时间和精力，很可能会取得惊人的成就。

技能和天赋都是可以培养和改进的，并且两者常有交叉和关联。比如说，大部分运动员都有天赋——适合游泳的体型或适合快跑的强健体魄。只要投入时间去练习、实践，磨炼与生俱来的能力和天赋，他们就能在运动中更有技巧，更具竞争力。

你有擅长的乐器吗？你有销售天赋吗？你有室内设计的眼光吗？你有面对大群观众进行演讲的本事吗？你喜欢处理数据吗？你能够快速解决问题吗？

仔细想想你到底有什么技能和天赋。向你的朋友和家人寻求建议。让你的大脑运转起来，下面列出了你可能具有的技能和天赋：

公共演讲	技术性写作
计算机 / 电子技术	平面设计广告
沟通能力	缝纫
内容营销	殷勤好客
网页设计	社交
会计	研究
领导力	问题解决能力
销售	体育运动
编程	厨艺
摄影	管理
市场营销	唱歌
计划	系统管理

　　贝珊妮具有厨艺天赋，并且她找到了一条出路，利用这一天赋赚些小钱。她有一个不会做饭的单身朋友，问她是否愿意帮他做饭，他愿意付钱买食材、作料，并付给她一些工钱。贝珊妮答应了下来，于是连续几个月每个周末都帮他准备一周的伙食。这是一种双赢的局面，贝珊妮赚到了钱，她的朋友也因为在家吃饭节省了一笔钱。多棒的主意！

　　温迪是我的博客读者，她利用自己的平面设计技能，在业余时间做一些副业，来帮助自己偿还债务，建立应急基金，还为特殊家庭计划进行储蓄。她写道：

　　我的第一个孩子出生之前，我在一家小型广告公司工作。我利用自己的平面设计技能制作宣传手册，帮客户设计不同风格的博客和公司主页。我爱这份工作，但是就要生娃了，我和丈夫都觉得我离职在家会比较好。

　　少了一份收入，我们也担心财务状况会出问题，但是我的孕期非常艰难，也就没有时间去研究对策。

　　最终，孩子出生，我也进入状态，才意识到我至少需要找一份兼职，这样无论是对于还债还是建立应急基金（我们一直想要，但一直没有建起来）都有帮助。

　　就在那时，教堂发起募捐想要建一所新学校，于是问会众有没有人愿意来做兼职，帮助他们制作募捐材料。我和行政牧师交谈了一会，然后就被录用了，我很高兴。

　　我开始一周工作十小时，就在家里的电脑上。我的孩子每天要睡两次觉，再加上她晚上七点就睡了，因此这样的工作量完全没有问题。这已经是七年前的事了，自那之后，我和丈夫又生育了两个孩子。我一直在家为教堂工作，用我的平面设计技能干不同的活。我们决定把我从教堂赚来的钱作为应急基金，剩下的再去还车贷。现在，这两个目标都实现了，我们正在存钱修地下室。

熟悉我的人都知道，我并不擅长装潢，也没有任何兴趣去发展这项技能，虽然我喜欢装饰精美的家。我意识到，无论如何，我也学不会装潢，我需要那些精通装潢和设计的人来给我帮助。

自我们搬到田纳西州，一大堆墙壁饰片就挤满壁橱，嘲笑着我。每当看到这些饰片，我就会想到我家墙壁还是一片空白，毫无吸引力。但是，想到要去弄明白这些饰片到底是放在哪边以及如何摆放，并且保证万无一失，像我这种毫无装饰能力的人绝对会惊出一身冷汗。我甚至不知道从哪入手。这也就是为什么这些饰片被空放在那里积灰尘、占空间。

我们搬家几个月后，我有一个很好的朋友说可以来帮我把墙饰摆好。仅仅花了几个小时，她和她丈夫就把这些墙饰完美地弄好了。他们实在太棒了！比起一片白墙，装饰好的艺术空间绝对让人耳目一新，这种感觉实在是难以言喻。

很显然，我的这位朋友在装饰方面很有本事。她做的工作与装潢八竿子打不着，但只要她有心，很容易就能将这种技能发展成副业，赚很多钱。

我意识到她具有这样的技能是在一次会议上，当时我需要进行演讲，她帮助了我。我看着她把我们的展位布置得如此漂亮，也看到她是真的非常喜欢把东西整理得井然有序又养眼。我问她是否喜欢装饰，她毫不迟疑地说："我爱装饰！"

我们开始聊天，我告诉她我对家里空荡荡的白墙感到无能为力，并且想到要在上面摆放东西就感到恐惧。她的眼睛燃起火花，说道："需不需要我去帮你布置一下呢？我真的很乐意去帮你装饰墙壁。"

我可以很明确地说，她在这方面绝对有天赋——就像别人能够看出来我喜欢电脑，具有写作天赋一样。有时候，我们需要别人看出我们的天赋，提醒我们，这样才能意识到并且拥有这些天赋。

下面列了一些问题，你可以借此想一想自己的技能和天赋，同时让你的朋友提供一些建议：

1. 你的朋友和家人都让你帮过什么忙？

2. 你觉得哪些事情对你来说很容易？

3. 你小时候就很擅长的是什么？

4. 你曾因为对员工做事不满意而自己学着做吗？

5. 你能操作设备或工具吗？或者你接受过某些领域的特殊训练吗？有这方面的经验吗？

6. 通过磨炼和实践，你所具有的天赋能够变成被市场接受的技能吗？

激情和知识

跟着我思考一下：什么让你感觉到活着并且充满活力呢？你有什么样的兴趣和爱好？是保健、健身、影响社区、研究某一学科，还是创造？你愿意帮助社区的其他人吗？你是否笔耕不辍，废寝忘食呢？你喜欢照顾动物吗？让你对人生感到满足和兴奋的事通常就是你的激情所在。

想要事业成功，对商业理念有很大的热情极其重要。实际上，我会鼓励你选择自己最有激情的想法。因为你将会经历很长时间的——特别是最初阶段的——精力不济，工作时间会非常长，这时候你只能依靠激情前进。

激情往往与知识相融合，因为你总是倾向于学习自己热衷的事情。如果有一个主题让你感兴趣，也就是你热爱的某事，你往往就会付出大量的时间，尽可能地去学习关于它的一切。

你了解什么？你精通什么？你有哪些方面的经验？你是某个领域的专家吗？知识是增加收入的另一个工具。有人叫你帮他们解决过电脑难题吗？你接受过医疗训练吗？你有管理个人财务的经验吗？

下面列出了一些可能会让你充满激情的对象或知识：

传教	健康
艺术	缝纫
咨询	室内设计
外国电影	装潢
自然	健身
科学	教育
旅游	阅读
幼儿教育	音乐
商业管理	绘画

在线视频　　　　　房地产

时尚

知识也可能来自生活经验。比如，我第二次怀孕时，经历了相当严重的妊娠期贫血。我必须住院治疗，不断地补血，剂量超乎想象，并且最终不得不提前引产，因为我的贫血太严重了。因为这件事，我做了大量的研究，想知道贫血的成因和治疗方法。我不敢说这是我的激情所在，但是纯粹是为了第三次妊娠期能够更健康，我阅读并学习了大量关于贫血的知识。

虽然博学多识值得称颂，但我还是建议你利用自己的激情少而精地学习几个领域的知识。因为，就像我前面所说，商业上的努力需要燃烧激情。我也许知道很多贫血的知识，但是对这个领域却毫无激情。所以我也从未想过要做与此相关的事，因为我会很快对它失去兴趣。

我非常喜欢米卡的故事，她把自己对缝纫的激情变成了一份全职工作。以下就是她的故事：

我的事业刚开始是这样的：我有一台缝纫机，是从免费回收网站 Freecycle 得到的，然后我从沃尔玛买 1 美元 1 码（约 0.9144 米）的布，和我能找到的最便宜的线。我的初始支出大约是 10 美元。当我学会基础技术之后，有一个朋友让我帮她做几个米袋。我研究了一会，想到了青蛙女孩的设计。

开始的时候，这只是一种兴趣爱好，一种能够赚一些"私房钱"的野路子，因为我们要养育四个孩子，却预算有限。我们计算了日托的成本和我工作时候的其他开支，最终决定由我辞职在家照顾小孩。然而钱还是不够用，我们只能不停地进行头脑风暴，看看还有没有什么办法能够保住损益底线。

在过去的六年间，最初的兴趣变成了成熟的事业。这项事业创造了无数次的奇迹，让一个单收入来源的家庭跨越了原本无法跨越的障碍。2008 年大衰退时，我们面临着大规模失业的问题，还要应付第五个孩子的降生，医疗账单，破损的汽车，以及人生中其他无数的开支。青蛙女孩的设计让我们毫无顾虑地度过了这一段艰难时期。

最近，我的收益都被存起来，支付来年大儿子跟随学校去希腊和意大利的旅行费用。如果收益足够多，我就能作为监护人一同前往了。即使要面对辛苦的工作和艰难的决定，我们也很兴奋能一起去旅行。我心想一定能存到足够的钱，而不会影响正常的家庭预算。

艾米是一位母亲，有两个女儿，她也是一位成功的捉刀人，十三年来靠代人写作谋生。艾米生长在一个传统的东欧家庭，曾以为自己会在二十岁结婚，然后生一大堆孩子。但是，她在二十四岁的时候还是单身，她意识到结婚生子并不会那么快，于是决定另行计划。她一边做着全职的工作负担生活支出，一边开始利用自己的写作激情，帮人为当地的公司写一些新闻稿和文章（开始的时候是免费的）。她非常勤奋，随着时间推移也开始要求更多的工作和更大的项目，这些都让她赚了一些钱。当这份自由职业获得了稳定发展，艾米辞去了全职工作，开始把精力集中在写作上，接到的写作任务最终变成了帮人写书籍提案和书，其中有一些甚至登上过《纽约时报》畅销书榜。

艾米告诉我，小时候她去哪都带着纸笔，总会想一些故事并且写出来。如今，她用自己的写作热情向人们诉说别人的伟大人生转折，世界因这些人而不同。虽然她花了好多年才建立起自己的事业，但在她三十五岁结婚生子的时候，她也有了足够的空间去慢慢工作，灵活工作。

顺便一说，艾米把所有的时间和努力都投入到了磨炼写作技能和发展事业中，这一点我很欣慰，也是她能取得成功的关键。她也是我上一本书和你现在手中读的这本书的幕后编辑。对我来说，她是不可思议的财富：帮我节省了大量时间，帮我更清晰地形成图书框架和想法，也为我的书提供了充满智慧的信息和监督。我将永远感激！

有些人能够利用自己的知识获得剩余收益，来自StartAPreschool.com 的乔伊就是这样一个例子。她是三个孩子的母亲，几年前开办了自己的家庭幼儿园。当时，在办学过程中她缺乏一些必需的资源，这让她很失望。

经过几个月的试验、调整和改善，她的学前教育计划最终获得了成功，尽管在这个过程中有很多错误代价高昂。乔伊希望别人在做同样的事情时能够更简单、花更少的时间。她把办学经历中获得的知识和智慧打包成一个工具箱，名为"箱子里的幼儿园"（Preschool in a Box），里面包含了详尽的资料，帮助他人学习怎么成功开办幼儿园。

这真是个好主意！如果乔伊想要通过学前教育来增加收入，她就应该招收更多的学生，上更长时间的课；但是她却利用自己的知识开发了一个产品。汇编"箱子里的幼儿园"这样的一次性投资似乎带给她远超多年学前教育的收入，而且不需要她在很长一段时间内投入超长的工作时间。

当你考虑你的激情和知识领域的时候，下面几个问题可以帮助你发现机遇：

1. 你喜欢学习或阅读什么样的主题？
2. 什么东西能让你感到兴奋和精力充沛？
3. 上学是为了什么？
4. 在哪些领域，你的朋友和家人会把你看作专家？
5. 有哪些独特的生活经历能够让你有能力为他人提供咨询和帮助，并且这一点是其他人做不到的？

准备好就开始吧！

车轮已开始转动，我也分享了一些现实生活中获得成功的女性极具鼓舞性的故事，我想让你做一做下面的练习，帮助你思考适合自己的事业或增加收入的主意。

下文空白处分成了两个部分，考虑一下自己的个人技能和天赋，还有你的激情和知识。记下脑中的所有念头——不论大小。遇到犹豫不定的地方，问问你的配偶、好朋友或家庭成员，让他们帮助你。

比起其他领域，有些领域可能会让你产生更多的想法。这都无所谓。如果空白处不够写，可以随便写在单独的笔记本或日记本上。

最后，别只写那些你觉得能赚钱的事物。对于你的潜意识来说，这是一只拦路虎。你可能会卡壳，因而无法完成这项有趣且有价值的任务。

尽情开始写吧！创造力滋生创造力。写得越多，点子越多。探索交叉的模式和领域，最重要的是，关注那些让你兴奋的点子。让这个清单启发你，找到一个可以持续关注的商业构想。

我的技能和天赋：

_____

_____

我的激情和知识：

_____

_____

_____

成功方程式

记住，不是每一种天赋、技能、激情或知识都能换来培根。比如，你对滑雪的激情赚的钱可能没有你帮人照料小孩的激情赚得多，也不会有人仅仅因为你会说外语、做得一手好菜、会写诗或有通信方面的学位就付钱给你。

最理想的事业需要四个方面的结合——技能、天赋、激情和知识。所以，研究一下你所写的内容中有哪些交叉点。另外，考虑一下你的天赋和激情在哪些领域，如果要在这个领域成功创业赚钱，你还需要增加哪些知识和技能。

研究一下你写下来的这些构想，来一次头脑风暴，考虑更具体的情形。

比如：

- 是不是可以用你对数字的激情和公司财务的工作经验，为当地的商户做兼职咨询呢？
- 是不是可以用你的写作（或缝纫、厨艺）天赋和技能，举行网络或现场的讲座，教别人做这些事呢？
- 是不是可以用你的市场营销技能和知识制作互联网课程或电子书呢？
- 能不能用你的语言天赋或数学技能给别人提供辅导？

不要担心现在没能一下子想到合适的商业构思，我只是想让你的创造力流动起来。

黛安娜是一位单亲妈妈，有一对八岁的双胞胎。她无意中发现了社区里的强大需求，因此创建了自己的事业。多年前，她买了一条新裙子，一家当地的商店为她做了修改，改得很粗糙。实际上，由于改得实在太差，这条裙子完全不适合她，最终她只能把这条全新的还带着标签的裙子捐给了当地的慈善机构。为此浪费了许多时间和金钱，黛安娜非常沮丧，于是决定自己的衣服自己修改。她熟能生巧，连朋友都注意到了，于是请她帮忙修改一条像松垮的马铃薯袋的裙子。她费了一番工夫，巧妙地将这件衣服修改成了一件漂亮合身的礼服。她的朋友超级满意！

关于这件被改造的裙子，夸赞之词传布如野火燎原，于是更多的朋友来让黛安娜帮忙裁衣改衣。受到这么多需求的启发，她和许多专门的服装店建立起合伙关系，为他们的顾客提供咨询服务。她的这项事业迅速成长。

现在，黛安娜比以往任何时候都忙碌，为了让人们的衣服更合身，她兴致勃勃。热爱从事的事业，加上有需求，她由此建立了自己的应急账户，里面是她一家六个月的生活开支。实在是太棒了！

当你考虑自己的技能、天赋、激情和知识的时候，也想一想你所在的社区中存在的需求，或是别的地方存在的需求，只要你能够满足它们。审视周围，看看人们都在面临什么样的问题，而你能够用自己的特殊技能、天赋、激情或知识去帮助他们解决。

比如，我创立 MoneySavingMom.com 是因为发现很多家庭都想降低日常用品开销，却无门路可寻，于是我提供了帮助、想法和手把手的指导。我知道我有经验、知识、想法可以分享。我有写作的激情，也具备足够的电脑知识，会开博客并用它来赚钱。我能够把我的技能、天赋、激情和知识运用到一项事业中去，帮助数百万的人解决问题，减轻或消除他们的挣扎。

但是，就如我在前文中提到的，这样的构想并不是一开始就有的。在我建立 MoneySavingMom.com 之前，在我开始写博客之前，在我写作电子书之前，我曾在另外一个完全不同的网站上创业。我很少说起这一段，因为它并不好，我把它锁在耻辱库里——你知道，就是用来埋葬所有尴尬瞬间和坏主意的秘密基地，你希望自己和别人都忘记它们曾经存在过！

不完美方程式

2004 年，当我开始阅读和研究在家赚钱的方法时，我建立了一个叫作"婚礼资源定制"的网站，在线为客户定制适当的婚礼礼服和配饰。因为我从自己的经历中发现，准备婚礼的时候，那些想要保守一些的结婚礼服的新娘，选择很有限。我和一些优秀的女裁缝签订了合同，让她们提供缝纫服务，而我则专注于网站的营销，以及为顾客提供个性化的产品。

我的丈夫（也是我的啦啦队长）愿意为此投资 2000 美元，

这笔钱本该存起来作为法学院的学费的。我用这笔钱做了一个网站，买了一台电脑，办了公司执照，还买了其他一些必要的东西。回过头去看，我很好奇他为什么会愿意为我的这次疯狂创业冒险，投入这么一大笔钱。

我在图书馆读了很多关于创业的书，对于自己伟大的想法感到兴奋，但我很快意识到这对我而言太难了。对于网络营销我一无所知。没过多久我就发现，虽然你能建一个很棒的网站，但是要获得更多的访问量（除了你和你妈之外），你还要付出更多。

在好几周的时间内，网站的访问量都非常少，并且零售出，对此我变得更积极。我加入了雅虎群组，在我的名字旁边或个人简介里写上网站地址，并且积极发表评论，登录相关的在线论坛。在任何允许游客发言的网站上撰写、发表文章，狂风卷地般学习互联网营销和创业精神。大概六个月后，有六名勇敢的新娘发来了她们的尺寸，定制了结婚礼服。很不错，是不是？但是，我学到了另一些东西：要根据新娘的特殊需求制作结婚礼服，需要大量的时间和劳动来完成——并且，如果你想廉价且全国性地开展这项业务，只会更难。

我已经没有勇气看银行对账单和会计账簿，我意识到自己投入了无数的时间，却始终没能赢利。这是个难题。我们需要看到至少一丁点的利润，这样才能存活下去。毕竟，这是生意，不是慈善！我必须做出改变。我意识到应该建一个电子邮箱列表，要通过我的网站寻求多样化的收入，并且学习合作营销。

　　虽然我热爱学习新事物，但仍然在此投入了超过预期的时间，却看不到一点回报。我开始想，我是不是应该放弃婚礼定制的生意。仅仅想到要承认事业并未如我想象的一般展开，就让我觉得窘迫。我并不是一个虎头蛇尾的人。我决定无论如何要做出一些成绩。

　　你猜发生了什么？接下来的两件礼服简直就是灾难。顾客不满意，我抓狂了几周，进行头脑风暴，思考创意策略，好不容易才处理好这件事，让顾客觉得满意。但是所有的付出都没有效益。

　　承认这一点很难也很羞耻，但是，是时候关闭"婚礼资源定制"了。尽管一开始我一直挣扎于失败的感觉中，现在想来却是因祸得福。我不仅从失败中学到了宝贵的经验，还想到了一个大胆的主意去开博客。我当时一点也不知道，无意中写的博客将会把我带向何方。

做适合自己的

　　我告诉你这个故事，不是要你在一天、一周或一个月之内赚不到钱的时候就终止自己的事业或想法。我想鼓励你坚持一个最终能为投资带来良好回报的构想，并且这个构想能让你使用自己的天分和技能。我的婚礼礼服生意想法并不坏，对于那些有能力自己设计、缝制礼服的人来说，一定能够获得成功，赚得利润。但我并没有这样的技能，也没有远程客户，且从一开始就低估了价格，我在不知不觉中建立了一个注定要失败的有瑕疵的商业模式。不论我投入多少时间和努力，这项生意注定赚不到钱。

我学到的重要一课是：仅仅发现需求并不够，你可能无法满足这项需求。此外，对于别人来说可能成功的商业构想，不一定适合你。选择商业构想的时候，要专注于你已经精通并且喜欢的领域。花大量的时间去学习、掌握你不想要的新技能，毫无意义。

凯西二十多岁的时候，想要赚些外快，又不想投入另一份工作。在一个派对上，她爱上了娇宠（Pampered Chef）的厨具，于是签约成为一名销售顾问。她认识很多销售顾问，他们有很高的奖金、收入以及自由的假期，凯西对此印象深刻。问题是，凯西没有成为成功销售员的社交技巧和信心。虽然对于自己出售的产品很有热情，也努力和人建立联系、交谈，希望别人也能像她一样兴奋，但她就是缺少保持良好势头的激情。销售显然不适合她。于是她只能退出。即使意识到这项工作并不合适，凯西依然热爱娇宠厨具，于是几年后她又做了一次尝试。结果并没有什么不同。她依然不适合这份工作，只能再次退出。

我欣赏凯西的坚持，她也允许我把她的故事作为一个警示：不要仅仅因为一种商业构思对别人有效就投入你的时间和金钱。投入之前，确保赚钱需要付出的努力与你的天分、技能和能力相契合。否则，很可能会以痛苦结束——甚至可能面临财务黑洞。

洛莉年轻的时候，她妈妈极力鼓舞她去开一家珠宝店。她写道：

> 我知道怎么干活，但是对其他的毫无经验。我没有做调查，价格也定得太低，于是，我总也赚不到钱，一直面临赤字。我还很腼腆，无法为自己抗争，争取一个公平的价格。那次创业坚持了残酷的两年。我最终退出了，还欠了山姆大叔一大笔钱，花了很长时间才还清。我还重新发现自己其实是一个非常糟糕的销售员。我太怕生，也没有权威，只能给每个人折扣，最终我卖出去的产品都是赔本的。现在，我做着办公室工作觉得很满足。这才是我的归属，在电脑和文件中，帮助别人弄清楚要干什么。我没兴趣自己创业了。

虽然洛莉声称赚钱的尝试失败了，但她还是从中学到了很多经验。她说道："做自己喜欢的事。你需要在这份事业上投入大量的时间，如果你不喜欢，那将是一场噩梦。此外，不要屈服于时尚，现在很流行并不意味着几年后还能流行。"

有时候只需顺其自然

有些人对于创业的想法或做全新的事会觉得有压力。也许你的财务状况很紧张，也没有时间进行头脑风暴，来找到赚钱的方法或建立自己的商业构想。也许你没有时间弄明白自己到底擅长什么，也不知道如何靠这项技能赚钱。我都明白。

我想到了最近给我写邮件的一位母亲，她有三个正处于青春期的孩子。她结婚十二年却选择离婚，因为她丈夫酗酒，这种恶习威胁到了家庭的和谐安全。为了收支平衡，她不得不同时打好几份工，一周七天，不停地做房屋清理、宠物看顾、保姆、神秘购物这些工作，还在易贝（eBay）和克雷格列表（Craigslist）网站卖东西。她不仅辛苦工作赚钱，还尽全力把生活开支降到最低。

好消息是，辛勤劳作也有回报。让我们来听听她是怎么说的。

虽然这三年很艰难，但我还是很高兴自己的辛苦工作得到了回报。我几乎百分百不再欠款，甚至帮我女儿支付了牙套钱。我还在为房子首付存款（我就要成功了！）。只要我像现在这样，作为一名自由职业的单身母亲，继续努力，我就能成功。要应付多份工作很难，但是能够同时做这么多工作我感到很幸福。

有时我们迫不及待地想要开创一份在家就能做的事业。我们可能立马就需要钱，就像这位女士一样，如果你感到财务压力，不妨接受那些能付你工资养活家人的工作。即使需要暂时奔波于多份不同的工作；即使你不喜欢这些工作。

　　关注自己取得的进步，哪怕只是保持不退步。做自己能做的，不要强调自己做不到的。只要在正确的方向上努力，再小的步伐也终将成就巨大的胜利。坚持下去，不断祈祷，一直向前。

3 朝八晚五之外：为自己工作

> 港湾中的船只安然无险，却不是船只该有的命运。
>
> ——约翰·A·谢德，《阁楼上的盐》（1928）

史蒂芬妮是位单身妈妈，她想要创立自己的事业，这样她就能独立养活自己了。她如饥似渴地研究和读书，如吉姆·柯林斯的《从优秀到卓越》，贾森·弗里德的《重来》。然后她尝试了许多想法，包括教人弹钢琴、做保姆、当私人教师、烘焙、桌面出版*、缝枕套、房屋清洁，以及在婚礼上弹竖琴。

虽然大部分都能赚到钱，但都不是在家能做的工作。作为一个热爱音乐的人，史蒂芬妮发现自己确实很喜欢在婚礼和其他特殊场合演奏竖琴，而且她弹得很好。为了建立自己的事业，她开始把目标确定为当地的新娘市场，与婚礼供应商建立联系，参加婚礼演出和其他婚礼展会。现在，她的每个周末都被预订

---

* 桌面出版：通过电脑等电子手段进行报纸书籍等纸张媒体编辑出版的总称。

满了，酬劳非常优厚。

从弹奏竖琴中赚到的钱，让史蒂芬妮得以不用负债就能完成护理学校的学习，也让她能够自由地选择在喜欢的医疗领域从业，而不是为了应付账单草率地做一份工作。她说："每当我提交纳税单，就会看到，弹竖琴赚的钱比作为一个注册护理助理或注册护士赚的钱要多得多。"

多样化的收入，并且不需要助学贷款，史蒂芬妮因此生活得非常自由。只要她愿意，随时可以搬家，也不用担心找不到工作。

非常高兴听到这样的故事。我喜欢听到创业精神带来无限的回报，并且给你和你周边的人带来深远的影响。不论是单身还是已婚，你都能找到很多赚钱的方法，即使你不愿做固定时间的全职或兼职的工作。

虽然我并不觉得每一位女性都需要创业或无论如何也要赚钱，但我相信精明的家庭经济学家要考虑很多因素，去寻找增加他们家庭收入的办法。也许是有债务要还，当前收入却跟不上。也许你单身或是一名单身妈妈，想要建立财务保障。或者你想要增加家庭收入，好让自己有更多的喘息空间可以每年去享受假期和家庭出游。也许你是一位空巢母亲，孩子们都长大离开了，你想用自己的技能改变生活或赚更多的钱去帮助别人。

想要赚更多的钱有很多理由，同样也有很多家庭和很多女性在寻找能够在家工作的机会，以便生活更自由灵活。不幸的是，很多女性想要在家工作，但她们遇到了很多陷阱（后面我会详述）。所以，确保雇用你的商户是正规公司这点非常重要，或者你可以为自己工作。

成功的商业构想是什么样的？

如果你想要开创自己的事业，首先要弄清楚成功的事业是什么样的。开始之前你就要有目标！记住，一千个人有一千种成功的事业，没有放诸四海而皆准的路径。

但是，我觉得成功的商业构想应该符合以下三个特征：

- 有稳定的收入（也许要费一些时间才能达到，但这是长期目标！）
- 让人满足而不是疲惫不堪
- 让人扬长避短

首先，不能产生利润的商业构想没有意义。构想必须考虑你的产品或服务的市场。不仅要自问有没有人需要你的东西，还要想想这些人愿不愿意买你的东西。

牢记财务上的成功不可能一蹴而就。不要想着马上就能赚一大笔钱。虽然要花些时间，但是长期来看，成功的事业从你投入的那一刻起就能产生良好而稳定的收入。

其次，你的商业构想必须能带来满足感。如果你不喜欢就不要去投入时间和精力，否则只能带来挫折和压力。另外，如果你设想要一周工作六七十个小时，牺牲和家人在一起的时间，感到精疲力竭，也没有时间休息或照顾自己，这样的构想也许不值得追求。

最后，商业构想必须以你的强项为中心。在前面的章节中我曾探讨过这一点。做自己不擅长的事情，很有可能会以失败收场。

接下来我将说一说创业需要做的一些基础准备。但是首先，我们来讨论一下可能存在商业机会的领域。

创业有哪些选项？

在前面的章节中，我鼓励你们考虑自己的技能、天赋、激情和知识。确定了这些将会帮你们厘清自己适合什么样的事业。现在让我们来看看要经营自己的事业有哪些渠道。

在线服务或商品

在线业务完全或基本上依靠互联网经营。在网络时代，这是个很棒的选项。包括在线零售或网络市集，如易集、易贝、亚马逊；在线服务，如平面设计、网页设计；虚拟助理，如 Upwork（全球最大的在线工作平台）；技术人员，如开发 iPhone 或智能手机 app；以及博客。

梅琳达是我的读者之一，多年来在两家不同的互联网创业企业中工作。三年来，她一直是一家名为大脑保险丝（Brainfuse）的公司的在线家庭教师。她深爱这个机会，因为她能够按照自己的计划行事。此外，七年来她一直通过车库大拍卖和特价商店购买童装，然后在易贝上转手加价卖掉。这也让她能够根据自己的时间和精力设定工作的时间和强度。

优点：

- 较低的创业成本
- 全球性的目标市场
- 灵活的工作时间
- 不用上下班

缺点：

- 竞争激烈的市场
- 可能因为 24/7 开放造成较长的工作时间
- 孤独（缺乏社交和面对面交流）
- 分心（家务、孩子、意外访客）

当面交易的自由职业

虽然在家工作不同程度上都牵涉到互联网，但还是有一些产品和服务并不需要基于互联网（通过网站为服务和产品做广告不算是与互联网有关）。面对面的服务包括照看宠物狗，做保姆，室内配饰设计，或做一名家居收纳专家、人生导师、咨询师或服装设计师。

过去的二十多年，克里斯汀一直在做房屋清理工作。她每周工作约十六小时，通常在她的三个孩子放学回来之前她就能把活干完。赚来的钱够她去度假，并弥补了家庭预算的缺口。

当面交易的自由职业的类型不同，各自的优点和缺点也有很大的不同。

优点：

- 灵活的工作时间
- 灵活的"漫游零售"服务（如果客户和顾客愿意就进行会面）
- 不用上下班

缺点：

- 分心（家务、孩子、意外访客）
- 需要弄清怎样创建有助于工作的环境和空间
- 投入视提供的服务和产品而定，也许会很费钱

直销公司和多层次营销

做销售——如三一礼物公司（Thirty-One Gifts）、娇宠厨具、多特瑞精油（dōTERRA）、优姿寇精油（Young Living）以及玫琳凯（Mary Kay），可以做线下或线上，通常是线上线下同时。这一类型的事业特别适合那些喜欢和人打交道，喜欢销售和营销的人。

三年前，布列塔尼开启了卖精油的生意。她热衷于帮人们

找到更天然的疗法应对常见的健康问题。而且她收入很好。一开始，她就通过这项生意月赚 500 美元。虽然销售需要付出很多努力，打很多推销电话，但也有很大的收入潜力。

优点：

- 高收入潜力
- 组织会提供大部分创业资料和培训
- 失败也不会造成大的财务风险

缺点：

- 做多少赚多少
- 招募新成员的高压；高压销售战略和方法
- 很高比例的顾客将信将疑

实体企业

实体企业有店铺等物理经营场所，并且只针对当地社区进行销售，比如花店、面包房、干洗店、餐馆或音乐工作室。可能由于提供的产品或服务的类型的限制，你别无选择只能自己开一家商店，特别是当你的产品或服务有很高需求时。

格洛丽亚在伊利诺伊州斯托克顿市经营着一家二手服装店，名叫盛装精品。她提供看上去很新的成衣，从小孩到老人都有。另外，她还和三家燕尾服零售商合伙，提供全系列的男士正装出租和出售服务。格洛丽亚在拥有这间店之前经常来这家寄售店帮家人买衣服。十二年前，当她听说这家店要倒闭时，她把它买了下来，避免了停业。

她说：

我并不总是很外向，但是这家店让我有机会每天遇见不同的人。有些人变成了熟客，有些人当然就成了定期的寄售人。如果不是我经营这家店，有些人也许永远都不会与我有交集。有些老主顾与我成了朋友，有些则只是过客，但是我很高兴上天在我生命中安排了这些人际关系。并且我也乐得做自己的老板，只要有需要，我就可以关了店门，和家人共度美好时光，或是处理家庭紧急事务。

优点：

- 基于物理位置的合法性
- 有机会和在线业务相补充
- 口碑能够迅速在当地社区传播

缺点：

- 有限的客源基础
- 较高的创业成本（空间、租金）
- 工作时间长

传统产业

虽然本书以能够带来收入的非传统方法为目标，但我们还是应该注意一下那些能够给你提供门路的传统工作。罗宾给我发了邮件，并且提出了宝贵的建议。她说道：

> 有些妈妈，孩子已经上学，那就问问能不能在食堂工作。我在学年开始的时候在食堂当了一名主管，在我们这边时薪是 19 美元。薪酬非常有保障，但每天只要工作一小时。于是我在当地又找了一份工作。我在孩子读书的学区的一家小学图书馆找到了一份工作，工作时间和我小儿子的上学时间相当符合。同天休息、同时休假，好处多多（这正是我们拼命想要的）！

如果你更希望先走传统的路径然后再创业，可以考虑在当地或附近的社区寻找一份兼职，不论是在一家公司、当地政府，还是在一家零售商店。

创业五问

目前为止，你对自己能够做什么可能已经有了初步的想法，或是正徘徊于不同的构想之间。在你继续前行探索自己的想法之前，我想建议你问问自己下面五个问题：

1. 我是不是对这个构想非常有激情，愿意为此付出行动，看它实现？

你的构想必须是你的智力产物，你要全身心为之兴奋，你要爱上这个构想。因为，相信我，你需要这样的激情支撑你熬过那些漫长而艰难的日子，否则你很快就会放弃。

我永远忘不掉几年前收到的一封来自一名陌生女士的邮件。她说想做一个跟我类似的网站，但不知道如何取名。她毫无头绪，但觉得我可能会有一些想法。她请求说，能不能告诉她一些我认为最好的名字，好让她能够用来命名自己的网站？

虽然我很喜欢帮助初露头角的创业者，并且总是尽可能答复邮件里的各种问题，但是我没有花时间去回复这位女士的邮件。为什么呢？如果她在邮件里列了一些备选的名字，以及对自己网站的简要介绍，我可能会很高兴提供一些意见。然而，她并没有表现出想要努力的样子，也没有表现出要投入足够的时间、思考和精力来让自己的构思成功。她看上去仅仅想让我给她一些好点子，好让她用得上。

如果你希望别人帮你找到创业的方向，我敢保证你最终会失败。这也许听起来很严酷，但是我支持这样的言论。拥有成功的事业的人都具有首创精神。他们要耗费很大的气力，努力工作。他们从来不会等别人帮助他们成功，他们自己就能成事。

2. 谁是潜在的客户？

一旦你选定了某个具有潜在市场的构想，下一步就是定义这个市场。不要只说："我们的目的是帮助每个人。"这不是事实。恰恰相反，你的事业必然只满足特定人群的需求。为你自己着想，从一开始你就要定义好这些特定的人群是谁。

比如，在我写书和发布产品之前，我经常会模拟一个人代表潜在的客户或读者。我会决定她的年龄和个性，还会想象她有几个孩子以及其他特征。这也许有些过了，但是真的能帮助我确定谁是我的目标读者或受众。当我能够描绘目标市场，接着我就能够写一本书或者创造一种产品来迎合这个市场的特定需求了。

你不可能用一个产品来满足所有人的需求，所以，在最开始就要定义你的市场。这将帮助你找到最好的方法聚焦于目标受众。比如说，对青少年产生影响和对中年妈妈产生影响，需要完全不同的策略。

3. 我能负担得起创业成本吗?

虽然很多人不同意这样的观点，但是我强烈建议不要借债创业。这样做是戴着镣铐跳舞，也不是一个好的开头。

如果你的钱不够创业开支，那就回到最初筹划阶段，精简构想，或是积极储蓄六个月或更长时间，以此来获得足够的创业启动资本。理想状态下，你需要有足够的储蓄支撑三到六个月的开支，这期间有可能赚不到一点利润。

因此，拥有足够的储蓄为你创造了缓冲空间，不仅能够缓解创业的压力，还能够让你把部分或全部的初始利润投入到生意中去，这样会让你的事业具有更稳固的基础。

想办法获得一些初始资本，比如，考虑是否要投资于一个网站或者你的产品的原材料，又或是能开店的地方。你可以考虑一下这些办法：

- 把家里不用的东西卖掉。举办旧货出售活动。这样既可以清理杂物，又能赚一些钱。
- 大幅度减少一个季度的开支。要考虑到极端状况，也要考虑短期状况。不再外出就餐。不再买新衣服。挑战自己，尽可能存下每一笔钱。
- 临时做一些兼职和额外的活，用赚来的钱投资新想法。
- 买日用品和其他商品时，尽可能精简。买二手货。有钱买新的了，再换掉旧的。

4. 我做足了调查吗？

大多数人在还没有做足调查的时候就急于超前一步创业。我建议你在实施自己的商业构想之前至少先读十到二十本相关书籍（本书最后将会列出一些我最喜欢的书）。你从书中学到的知识将帮助你塑造事业雏形，构建具体的行动计划。

另外，和已经创业的人或你想要进入的领域、行业的人交谈。告诉他们你的商业构想，请求他们提供建议，让他们告诉你创业过程中的经验教训。这样的咨询非常宝贵。老实说，我想到的每一个好点子，灵感都来自阅读过的书或交谈过的人。

不要害怕问问题。科尔曼的书《一个问题》（*One Question*）

就曾激发我提出了一个巧妙的问题。这本书中我最喜欢的一句话是："好问题提供信息，美妙的问题带来变革。"要获得正确的答案，就要提出正确的问题，问题不能宽泛、模糊。思考一下自己需要学习哪些知识、想要了解哪些知识，围绕这些提一些具体的问题。

比如，你可以问：

- "拥有自己的事业让你觉得最享受的是什么？"
- "你遇到的最大的挑战是什么？"
- "如何得到新客户？"

然后，仔细聆听答案，并继续探究问题。你将会学到很多！

最后：保持开放心态。不要因为行业不同、市场不同就觉得别人的话没有价值。实际上，这些人中也会有真知灼见。我的丈夫杰西，在我刚开博客的时候曾提议我创建一个脸谱网主页。我并没有被说服——最主要的原因就是他不懂写博客——但是我觉得试一试也无妨。结果证明杰西的建议非常棒。事实上，脸谱网一直是我博客每月流量的最主要来源，在写作这本书时，大概有 750000 个关注者。他提出的这个看似疯狂的建议结果证明是非常成功的点子！

5. 我是否愿意失败？

如果你满怀信心去尝试新事物，必然会经历几次失败。要期望成功，但是也要愿意接受失败。并不是每一个商业构想都能成功。实际上，大部分商业构想都不会成功。

就像我在前面的章节中提到的，当我怀上第一个孩子，必须要离职时，我们的收入遭受重创。当我着手婚礼生意时，我还在考虑有没有能够在家就能做的兼职。其中一个想法就是办创意写作班。我一直很热爱写作，并且发现当地在家教育孩子的妈妈们会抓住机会让她们的孩子去学习创意写作——尤其是如果学费还很便宜的话。

我很兴奋，也期待做出成绩！我花了好几个小时写广告，放在家庭教育简报里。我的预期是至少有四十个孩子报名。我兴奋地制定战略，想着怎样分班。我急切地计算数字，预测从这些课程中能够获得很好的收益。

问题是，并没有多少人跟我一样有热情。

最终的报名人数是四个，而不是我最初希望的四十个。我的大计划不过如此！我最喜欢的点子遭遇失败，我很担心到底该怎样才能付得起账单。我都想直接甩手退出了，但是我没有。我承诺了教这些小孩——所有四人——我必须坚持到底。

当我回过头去看这些课程，还有那少得可怜的四个报名者，我意识到这次经历使我为面对更大的失败做好了准备，也教会了我不如意事十有八九。我能够继续坚持下去，不论是教四名学生、四十名学生还是四百名学生，我都会尽全力。不论我们努力的结果是什么，最重要的是我们已经全力以赴了。

有时我们最棒的构想也不必然会实现。艾丽莎就学到了这一点。她最终找到了适合自己的事业。

2012 年夏天，我和丈夫离婚，带着两个孩子住到我父亲家里。我当时同时做着两份工作，心智也濒临崩溃。

我尝试了很多在线业务，最终选定了一个：帮公司写博客。我决定试一试的时候，正在做个人保险代理。因为我对保险行业很了解，于是决定把目标定位为保险公司和保险营销公司。

我只是在谷歌上搜索保险公司的博客，如果看到有保险公司没有定期更新博客，就给他们发邮件，询问是否可以由我来负责。我也会在招聘公告上看招聘广告（主要是ProBlogger.net 招聘公告），看是否有关于保险的。保险代理的工作经验让我获得了大部分保险类的博客写作工作。

通过撰写保险类博客充实了简历后，我开始把业务扩展到个人财务领域。如果我看到某个个人理财网站有许多作者，我就会发邮件问网站的所有人是不是还需要作者。

到 2013 年 10 月，我终于有了足够多的客户，可以让我摆脱白天的工作，做这份自由兼职。过去一年中，我每个月都能赚到 2500 美元左右，这个月我的收入更是突破了 3000美元大关。

长话短说，我现在赚的比以前所有的工作加起来都多。我买了一辆拖车（活动房屋）供我和女儿们住，这辆拖车就停放在我父亲名下的一块土地上。我还没有通过在线写作事业赚到大钱，但是我觉得能够养育我的女儿们了，也能够制订计划，有更多的时间陪着她们。这对于我来说就是世间最美好的事。

过去这几年，我慢慢明白，要做自己的事业，要尝试自由职业，失败是无可避免的。这可能会让有些人清醒过来。我并非有意打击你的积极性和宏伟愿景，真相是，从零开始草创事业通常都很艰难，也达不到计划和期望的成功。

然而，跟我一开始所想的相反，我渐渐意识到失败是朋友。我从失败中学到的远远多于从成功中学到的。事实上，若不是有失败的经验，我也不会有机会开始写 MoneySavingMom.com 的博客。

记住，成功青睐那些愿意尝试、不断尝试的人。即使你的第一个、第三个、第五个构想一直都没有成功，终有一天你也会做出成功的事业来。

走向成功必做和决不能做的事

当你计划开启自己的事业的时候，要考虑一些规则和指导方针：

做好功课

不要轻易开启商业冒险之旅。不认真做计划和调研就匆忙开始创业只会带来失败。花点时间研究适用于你的构思的商法。要使你的事业合法，你可能需要考虑以下列出的一项或多项：

- 提供产品或创立公司时必要的特殊执照和许可证
- 针对物理办公场所的区域性法律
- 以合适的组织形式（股份公司或有限责任公司）注册公司
- 获得联邦税号，建立仅用作业务收支的单独银行账户
- 在美国小企业管理局网站（SBA.gov）查询创业建议和指导，以及了解相关的要求和信息。他们提供很多有关商业类型和想法的"怎样开始一项……事业"的建议。他们还提供免费的咨询来帮助你创业。我的朋友乔伊和她的姐妹珍开了一家提供纸杯蛋糕架的店，名叫纸杯蛋糕塔。乔伊告诉我，她们姐妹创业的时候就联系了美国小企业管理局网站，他们的志愿者中有退休的 CEO，于是姐妹俩从这些退休的 CEO 那获得了免费的咨询建议。

此外，我建议你可以联系当地的小企业管理局，告诉他们你想要创业的类型，询问你在创业过程中需要取得的执照和其他要求的证件和信息。取决于你的生意规模和属性，你最好和有相关经验的法律代理人谈谈，他们帮助过其他的小企业家，你能够获得一些创业的法律建议。大部分法律代理都提供电话

的或当面的免费咨询，你可以借此简要地讨论一下自己的需求和选项。

我还强烈建议你见一见会计师，了解一些联邦和州里的特殊法律规定、记账要求以及任何与你的商业构思及处境相关的信息。

设定一些有风险的目标

最好冒一些风险。往难处行，督促自己，跨出自己的舒适区域。因此，创业的时候，应该设定能吓到你的目标。

如果你永远待在容易和安全的区域，将失去很多充满乐趣和令人振奋的机会。你将永远也激发不出全部的潜能，永远停滞不前。你会在创业的门口变老，等着擦枪走火。

当我开始写这本书时，我制定了一个冒险的目标，要在三个月内完成书稿。如果你了解写书，就会知道这个任务并不简单，三个月真的非常紧张。但是这个大胆的目标的设定，推动我、激励我快速地去完成它。即使我没有按时完成，我也知道比起没有设定大胆目标，自己写书的进度是超前很多的。

科琳娜和她的丈夫设定了大胆的目标：在一年内偿清助学贷款。目前他们取得了很大的进步，走在时间表之前。她写道：

> 我们一面卖些小东西，一面做些烘焙食品销售，并且零零散散赚些额外收入。我们已经赚了很多钱来偿还助学贷款，这让我自己都很惊叹！这都是因为我们设定了一个

不切实际的目标。

如果设定大胆的目标看上去很吓人，那就先设定一些小目标，让你的构想更现实一些。毕竟，如果你都不知道自己要去哪，又怎会知道何时能够抵达呢？如果你活得没有目标，必将陷入盲目之境。

为事业设定具体的目标这一点对于我来说极其有效：从每周、每月或每年的收入，到具体时间跨度内我们希望完成的详细计划。我们不只设定大目标，还会分解目标，确定可以接受的小目标。

我最初的创业构想之一是在网上出售二手书。我同时在自己的网站和易贝上卖。因为这是一项新的生意，而我还没有建立广泛的受众基础，我的目标是每周赚200美元。这意味着我每天要赚40美元才能完成目标。我把目标写在纸上，进行头脑风暴，思考我能想到的每一种选择，来增加网站的流量和销售量。有些起作用了，有些则没有。但是如果没有设定具体的目标，我很怀疑自己还能不能有动力去想出这么多办法。

设定商业目标推动我们不断调整进程，有利于我们更有效地经营生意。这些目标激励我们寻找超越思维限制的营销点子。它们还向我们挑战，让我们不至于满足现状。

你希望一年后自己的财务状况如何？三年后呢？五年后呢？

为下一年度选择两到三个具体的财务目标，开始考虑实现目标的实践手段。怎样做，才能在朝八晚五的工作之外建立额外的收入流呢？什么时候开始？你需要做什么才能让你的构想实现？你需要多大的客户基础？你需要存多少钱才够创业的开支？什么时候能存到呢？你的网站需要在什么时间启动和运行？你会怎样做营销呢？

在纸上写下你的大目标，打碎它们，分成每月或每周能完成的小目标。不要害怕目标太具体。即使你远未达成目标，也会比你没有目标走得更远。

愿意做出牺牲

要想创业就得有牺牲，特别是在创业初期。既要牺牲时间，也要牺牲金钱。你需要考虑必须投入多少金钱和时间。

并且有些时候，牺牲的含义不止于此。它还意味着你要踏出舒适区，超越教育和职业资历的限制，看看有没有其他选项。

最近我收到一位全职妈妈发来的邮件。她的职业是图形／网页设计师，她很想找一份兼职，但在这个特殊的领域，她并没有受到关注，也无从找到一份兼职。她的目标是补充已有的存款账户，好让她的家庭摆脱债务，以便能存钱买一套房子。找一份严格符合她条件的兼职的尝试让她感到无望。

在这个例子里，我认为她需要自己产生一个构想，这种构想不是依赖于从特定岗位或公司寻找一份空缺职位。是的，这意味着这位女士需要拓展自己的思维，牺牲自己的舒适区，找到别的选项。记住，寻找明智的赚钱之道的过程并不是一帆风顺的，但是回报（有时候就是指金钱）绝对物超所值。

做尝试、做尝试、做尝试！

各种各样的工作机会很多，不要害怕尝试新事物。如果不成功，你还可以尝试其他的。

在职业生涯的大部分时间里，盖尔在全职工作之外都有一份兼职。她说：

> 我每个月要帮助当地的小企业主平账，还给一家调研公司做过电话调查，我曾在破晓的时候送过星期日报纸，我的邻居雇我帮他们整理车库以便进行车库旧货拍卖（从中获得 50% 的利润），我还在春夏（她最忙的季节）的周六帮做婚庆的朋友拉鲜花和装饰。选项很多！

盖尔乐于尝试许多不同的可能性，这一点我很欣赏。这对她有效，对你也会有效！

说愿意

有时候，机会——可能是好机会——会和你擦肩而过。有些人会因为你的价值、技能、自己做的小东西或专业知识来求助于你。不要马上拒绝。花点时间调查一下，问问情况，看看会有什么结果。下面是丽妮儿给我发的一封鼓舞人心的邮件，她很感谢自己说了愿意。

我觉得有必要写信告诉你十四年前我所创立的在家做的生意。我的事业名叫"缝纫服务：警察－警长－火"。我女儿四岁的时候，我创立了这项事业。

当地警察局来找我帮他们缝制和修改衣服。我在四健会*学习了基本的服装结构之后就对缝纫产生了兴趣。我觉得警察局的请求不会有多大价值，但这也是对我们生活的额外补充途径，于是我决定试一试。不可否认，当时我还没有想好要不要和执法部门共事。在我看来，警察既冰冷又遥远。

让我惊讶的是，工作负荷完全超乎想象，其他执法部门和消防机构也开始找我改衣服。于是我喜欢上了这些公务员，正是他们保证了我们社区的安全。我该说什么呢？他们偷走了我的心。过去的十四年，我从来没有登过广告。我甚至有一个后备女裁缝，她在我忙的时候能够帮助我。

我很欣慰她最终说了愿意，虽然一开始有些犹豫。丽妮儿在邮件中还提及她的工作怎样激发了她为当地社区作贡献的欲望。她开始在警察局的危机干预小组做义工，这个小组是为了培训警察如何处理精神病患者和精神障碍者以及处于危机中的人的。

---

* 四健会（4-H club）：美国农业部的农业合作推广体系所管理的一个非营利性组织，创立于1902年。4个H分别代表头脑（Head）、心胸（Heart）、对手（Head）、身体（Health），旨在"让年轻人在青春时期尽可能地发展他的潜力"。

做实事

在赛斯·高汀的书《戳盒子》（*Poke the Box*）中，他提议人们不要花这么多时间来调研、计划和设定目标；相反，他建议人们走出去，做实事。不要再困在盒子里，打破围墙，做出成绩。

无可否认，我极力推崇在冲进某个商业构想之前要先做大量的调研，但是我也赞同动手试验比你光看书或上课学到的要多。因此，做好功课，咨询有经验的人，尽可能多读一些商业类书籍，但是不要花过多的时间计划、进行头脑风暴或做开业准备，却从来没有真正按下开始的按钮。

不要上当受骗

梅是我博客的粉丝之一，她写信给我说想要赚钱，但是基于以前的经验，她又怕受骗于广告诈骗。她写道：

> 我曾经陷入过一些骗局，想着在家装信封和组装工艺品可以赚些额外的收入，但这些所谓的机会都是确确实实的骗局，我没有赚到一毛钱。然而我并没有受此影响，还是继续尝试。我从很年轻的时候开始就是一个手工艺者，当我看到一个在家组装手工艺品赚钱的广告时，我觉得对我来说应该很简单，我也愿意做。

梅邮购了装配工具箱，十分期待它的到来。当她拿到邮件时，组件包含了一些廉价的草帽、丝带和花。说明也很简单：在草帽上粘一圈丝带，然后把花粘在丝带上。似乎极傻，是不是？尤其对于那些手脚灵活的人来说。当梅完成了组装，把草帽寄回给公司，她收到一封来自"主管"的信，说她粘错了花，所以无法收到报酬。梅完全是按照说明做的，她知道自己肯定没有错。她这才明白过来是掉入陷阱了。

很多人都跟梅一样，意识到自己在不可信的事物上投入了很多时间和金钱，于是很失望。你有没有注意过收件箱和垃圾邮件文件夹中的邮件，上面满是各种让你在家就能一周赚数百美元的信息。是的，这就是欺诈。事实上，欺诈无处不在。有些很容易识破，但也有些看上去很正规，让你相信从现在开始，即使不做任何特别的事情，也能赚大钱。这些提议跟减肥产品的邮件广告差不多，声称你随便吃也可以减肥。

识破骗局最好的办法就是调查这家公司。四处问问。在商业改进局网站（BBB.org）上核实这家公司。在谷歌上搜索公司的名字和欺骗两个字。最后，如果这个机会要你投入一大笔金钱，那就要小心了。

不要气馁

有一位母亲给我写邮件说她很绝望。她抚养着一个婴儿和一个幼童。她诉说了她为了取得财务自由的努力挣扎，声泪俱下。她说：

　　我急切地想要找到在家就可以赚钱的方法，但我觉得自己就是想不出来要怎么做。就在我觉得自己找到了一个可行的想法时，又出现突发状况，让我退回原地。我觉得我最大的问题不是因为要照看孩子而时间有限，而是源自孩提时代根深蒂固的恐惧和不安全感。

　　过去，她曾尝试过许多商业构想，包括为一家多层次营销公司工作，上夜班，在清早送报纸。这些增加收入的尝试令人敬佩，但是并没有让她解脱，反而让她精疲力竭，不能照看自己的孩子。

　　我很想给予像她这样的女性帮助，好让她们缓解压力。

　　面对现实吧。生活并不完美。我们的日程不完美，我们的生存环境不完美，我们的时间表不完美。有些人可能在商业之路上一帆风顺，有些人则遇到了挑战（这部分人最终还是成功了！），如果你是后者也不要感到有压力。

　　有些人处在生命最艰难的时候，上有老下有小，还要照顾病人，为此甚至无法做到一周工作十到二十个小时。

　　尽全力，就像我曾说的，从小处着手，直到你的人生有了更多喘息的空间，再加快步伐，在合适的时间、合适的地点，做你能做的！

不要轻言放弃

　　贝比·鲁斯说过：永不放弃的人难以战胜。[1] 我在做"婚礼资源定制"的时候，长期目标是建立一份能提供兼职收入的事业，在我老公念法学院的时候，我能在家赚钱。当时我绝对想不到，十年后我会有一个很大的博客，会写书、做全国演讲，还带领着一支了不起的团队。

很多时候，人们只看到我的成就和成功，而看不到我曾努力（非常非常努力）的日日夜夜，那时我看不到一点回报。他们看不到我很多很多次曾因为挫折和沮丧差一点就停止所有的一切。

MoneySavingMom.com 能成功不是因为我有多聪明（只要你看看我在学校的时候数学有多糟糕！），也不是因为我是天生的技术员（如果没有技术团队，我达不到今天的成就），当然也不是因为我有一个市场营销的硕士学位（我甚至都没有读过大学！）。

我全心全意地认为，老生常谈的努力工作和坚持不懈是我成功的关键要素。我就是不想放弃。这并不意味着我没有放弃过失败的构想（实际上我经常放弃！），而是意味着即使很难，即使我经历了挫折和失败，我依然会坚定决心不断努力，不断尝试，不断学习和成长。

刚开始写博客的那段日子，我经历了一件事，它考验了我对维护自己的事业的毅力和决心。就在我们开设 MoneySavingMom.com 之后一年，一家大型国际零售公司雇了十二个省钱达人博主组成团队，请他们录制一个关于省钱的视频，并且上传到他们的网站上。因为我当时正和这家公司合作一些项目，也和其中一些省钱达人博主有深交，于是很早就得知了这个项目。这个主意听上去很棒（我一直以来都在鼓励人们省钱！）。问题是这家公司为主推这些视频选择的域名是MoneySavingMoms.com，仅仅和我博客的域名在结尾处差了一个"s"。也许我该知道得更早，这样就能抢先把这个域名给买了，但是我没想过要这样做。活到老学到老，对不？

就像在伤口上撒盐，这家零售巨头不仅要求这些博主在自己的博客上宣传这个新网站，还在全国每一家商店的购物小票底部写上了这个网址。然后，还举办了一个全国性的"最会省钱的妈妈"比赛。

我不确定该怎么做。一方面我可以在法庭上证明我是第一个使用"Money Saving Mom"作为网站名称的人，并且已经用这个名称经营了一年。法律上来说，即使我没有一个联邦商标，但是由于我比这家公司使用这个名称的时间更长，我也实实在在地拥有这个普通法商标。

另一方面，想到要和一家比我的网站大得多的国际品牌公司抗争，并且他们拥有我梦寐以求的法律和财务资源，我感到非常沮丧。我只是他们宇宙中的一只小虫，我觉得自己没有能力让他们停止使用这个名称。我和杰西知道，一旦我们采取法律行动，不管我们存了多少钱都会很快耗尽。

但是现实很残酷，如果我们不采取行动，我的品牌就会被慢慢扼杀！在网络上搜索"会赚钱的妈妈"或相关关键词，他们的网站就会出现在我的网站前面。我也知道，越是往后，他们的网站会建设得越大，继续建设我的品牌和网站的机会将更渺茫。我能够看到不祥之兆——那是一场即将到来的商业灾难。

面对这样意料之外的情形，我手足无措。就在此时，这家公司的员工给我发了一封邮件，这样写道："我们的网站名跟你的几乎一样，希望你不要在意。"呃，不是这样！我很在意！但是我觉得很无力。

长话短说，和这家零售巨头邮件往来无果之后，我们转而向律师求助。他保证，我们拥有这个普通法商标，这是我们的合法权利，并且我们可以证明这项权利。经过仔细考虑和祈祷，我们终于鼓起勇气给这家公司发了一封邮件，要求他们从网站上移除这个名字，关闭 MoneySavingMoms.com，从购物小票上移除这个网址，并停止使用这个名称，否则我们将不得不诉诸法律。

直到今天，我仍然觉得很疯狂，力量微薄的我竟然发出了这么一封大胆的邮件，但是我不能忍受袖手旁观，看着我的辛苦努力付诸东流。令我们震惊的是，他们退缩了。显然，他们的法律团队知道，在这个案子上无法取胜，他们只是在等着我们叫停。紧接着，他们清除了网站上所有"会省钱的妈妈们"相关的内容。而我们也再次被惊到了——他们表示很抱歉，因为他们需要 9 天的时间才能把商店小票上的网址移除掉。

这件事让我们欣喜若狂，无比惊奇，很是震惊！如果我们夹紧尾巴做人，不战而降，我们的事业将不复存在。但我们没有放弃，我们没有忘记初心和信念，即使我们正面遭遇了一家世界零售巨头。这次胜利增强了我的勇气，不断提醒我不要逃避、不要放弃，即使那样会比较容易。

也许你会沉浮数年而一无所成；也许你新的商业构想花费了过多的时间和金钱；也许开一家自己的公司这个念头似乎永远也不会实现。

不论你面对什么处境，我想做的是鼓励你不要放弃。你可能需要改变计划，调整梦想，或是扭转方向；你可能需要搁置想法，重新找一个新的构想；你可能需要延长期限或修改游戏计划。这都是学习和成长的一部分。

但是，无论如何，不要放弃。懦夫做不了赢家。坚持，不断努力向前，不断学习，不断尝试，终有一天，你会看到努力的成果。

4　行动起来

> 　　即使你选择了正确的道路，但如果只是坐在原地，也
> 会被别人碾过。
>
> 　　　　　　　　——威尔·罗杰斯（美国幽默作家）

　　从记事起，利赞妮·福赛特就想成为一名时尚模特。十七岁时她和一家日本公司签约，并离开西雅图去往东京。随后的十年中，她追求自己的梦想，作为一名模特在全球各地工作。

　　由于快节奏的忙碌生活，利赞妮总是留意着那些能够放在手包里的健康小食，但是市场上并没有合意且有营养的小食，于是她决定放弃寻找，自己来做。利赞妮来自一个传统的意大利大家庭，对于厨艺和饮食有着强烈的热爱和激情，所以对她而言，厨房并不陌生。在她的记忆深处是大家一起共享几个小时的丰盛晚餐的图景。

　　利赞妮开始试验祖母最受欢迎的饼干配方，用健康的材料

替换掉其中的不健康配料。不久，她就制作出了自己的蛋白质零食，富含蛋白质和其他营养，无糖，也不含麸质。她的朋友和模特同事们尝过之后交口称赞。

结束模特生涯之后，利赞妮回到美国，定居洛杉矶，思索着后半生的活法。她和一位食品顾问决定调整配方，制作新的蛋白质零食，称为 thinkThin。关于这个故事还有许多奇妙的细节，但是我惊叹于厨房里的一个简单构思竟能成就一家日益壮大的企业，2012 年它的销售额已经超过 7000 万美元，并且还在不断增长。[1]

第 2 章中，我们谈到了将你擅长的与现有市场需求结合在一起的重要性。在前面的章节中，你也学到了一些自己创业来增加家庭收入的可能性和选项。

虽然除了自己创业，还有许多的方法可以赚钱；但如果你决意要自己创业，本章将会提供一些小窍门，帮助你走出去，选择正确的成功之路。如果你还没有完全准备好或没有兴趣自己创业来补充自己的财务，你也需要继续深入了解（下一章我会继续给出大量其他非传统的想法和窍门）。

商业构思无穷无尽，因此要针对你的特殊构想给出每一步的计划显然是不可能的，意识到这一点很重要。我建议你找一些和你想做的事情相关的具体资源（比如图书、播客、博客和网站）。我也会在本书结尾处分享一些我最爱的资源。

确定自己是为什么而做（或使命陈述）

也许在你的生命历程中你已多次听到过"使命陈述"这个词，它似乎很无聊、做作或无关紧要，但事实是：如果你无法在两句话内跟我解释清楚你到底想做什么，你就无法做出清晰的行动计划和具体的执行战略。

不久之前，我参加了一场作者大会。这场会议是为了给潜在作者和代理人及出版社联系的机会，希望能够产生有利于双方的图书协议。许多出版社出席了这次会议，和崭露头角的作者们约定会面。

其中存在什么问题呢？很少有作者会对自己的书做一个简明而独特的推介。我在午餐、会后和茶歇的空档和一些作者进行了互动，所以才了解这个问题。当我问他们："你的书是关于什么的？"大部分人的回答都非常含糊、冗长又拐弯抹角。确实，就是这同一拨人，有着令人惊叹的故事，有巨大的激情和强烈的欲望去写一本书，却很少有人对想要写一本什么样的书和为什么写书有明确的目标。我爱他们火热的心，但是他们对自己提出的图书构思缺乏定义和提炼，我很担忧这会阻碍他们获得一份图书协议。

如果你不知道自己将会去往哪里，热情、激情和决心也就派不上用场。

当我开始写这本书稿时，第一要务是确定这本书是关于什么的。我不想在有人问起时支支吾吾说不清，我也不想要一种理论化和虚幻的定义，我想要的是直入主题（顺便一说，有人把这种形式叫作电梯演讲，即当你和其他人共乘电梯上下楼，你能在这段大概三十秒的时间内清晰明白地总结一个想法）。

我花了很多时间和我的团队成员、朋友以及我的丈夫进行讨论，再加上自己的很多思考，最终定下了这本书的主题。我很激动能够用一句话来有效概括本书的目标。当有人问起时，我会告诉他："鼓励女性用具有很强的实践性的方法增加收入、扩大影响，并在此过程中保持乐趣。"

确定了这个使命陈述让我能够自信而目的明确地开始写作。我知道这本书最终的目标，也就能够集中精力实现。

在你开始考虑下一步是什么、创业需要做哪些准备、怎样营销自己的想法之前，请一定要后退一步，确定一个能代表你事业的简洁陈述。

为了草拟一个使命陈述，可以想想你的事业会满足什么样的市场需求，帮人们解决什么样的问题。第 1 章我曾介绍过这些。

成功的商业不只是听上去很伟大的点子，还要能够填补空白或是解决人们经常遇到的难题。如果你的商业构想无法做到这些，那么很有可能会失败。

当人们问我 MoneySavingMom.com 是关于什么的，我总是回答说："我们提供一站式服务，帮助忙碌的女性攒钱，帮助她们带着希望生活。"从这个陈述中你能够精确地指出我们满足的需求吗？它包括：

- 解决钱的困扰
- 符合预算
- 寻找成就感
- 有目标地生活
- 应对快节奏生活的挑战

MoneySavingMom.com 所做的每一件事都是为了实现我们的使命陈述。定义了使命陈述，我们才知道自己要做什么，也知道不做什么。

我们几乎每天都会收到推介机会，有游客发帖说想写些东西，有公司想和我们合作，活动协调人员邀请我去他们的活动上演讲，又或是媒体人员想采访我。只有明白自己是做什么的，我们才能分辨哪些机会与我们的使命陈述是一致的。这也让我们成为一家有希望的企业。

使命陈述让你改善和定义事业的内容，让你专注于目标。你在考虑使命陈述时，可以从一些著名的公司获得启示。这些公司的使命陈述都围绕着企业的目标，清晰地表述了企业能够满足的需求。

宜家（IKEA）

宜家的愿景是为大众创造更加美好的日常生活。其经营理念是提供种类繁多、美观实用、老百姓买得起的家居用品。[2]

商人乔（Trader Joe's）

商人乔的使命是：带给顾客所能找到的最好的食物和饮品，给顾客提供便于做决定的信息。用温暖、友善、有趣、自豪且符合公司精神的方式，致力于给顾客提供高品质的商品和信息，让顾客满意。[3]

哈里斯蒂特（Harris Teeter）

哈里斯蒂特的目标是成为每个顾客心中最好的杂货零售商。他们的使命陈述是：对顾客关怀备至；对合作伙伴倍加重视；保持店内环境整洁；保证商品新鲜安全；妥善安排货架。[4]

确定该如何做（或行动计划）

确定使命陈述后，你就可以准备行动计划的草案了。如果你读过商业类的书，或是参加过如何创业的课程，首先学到的就是建立商业计划。它包含了你如何创业的详细布局，预计的事业发展速度和估计的收入规模。虽然考虑到事业的长期目标，建立商业计划很有价值，但是我相信一份商业行动计划用处更大。

前文中，我强调了做好功课的重要性。你有没有和相关领域的专业人士交流，让他们给你出主意？有没有和其他人讨论你的构想？有没有研究一下市场，确定你能提供的价值和填补的空白？有没有确认创业需要的执照和资质？下面这些问题将帮助你构架行动计划，如果你做好了功课就能回答出来：

1. 将怎样经营？在线？在家？实体企业？直销？
2. 怎样实现你的使命陈述？
3. 哪些特质能让你在竞争对手中脱颖而出？

光有梦想是不够的，你还需要脚踏实地，用现实的脚步实现梦想。想一想，三个月后、六个月后、一年后，你要如何回答下面的问题：

1. 要实现什么目标？
2. 要达到什么规模？
3. 要产生多少收入？
4. 要销售多少产品？
5. 一周希望工作多长时间？

这些都是初步打算，有些回答仅仅是猜测。但这是你确定行动计划和目标的第一步。

回答完以上问题后，将大目标分解成可执行的小目标。思考一下要达到这些里程碑需要做些什么。

比如，假设你要开一家蛋糕装饰屋，就要选定开业的时间。如果是六个月后，那么回溯到现在，以此决定你的行动步骤。可能你需要这样做：

- 研究食品处理相关的法律

- 寻找一处可用的商业厨房或空间

- 接受一些培训

- 建立网站

- 设计宣传材料（传单、名片、广告）

- 和其他地方企业（派对策划公司、餐厅等）建立联系

如果你想在家设立日托所，你可能需要采取下列行动：

- 研究并获得相应的国家许可证以及办理其他手续

- 建立一个游戏导向同时能保障儿童安全的场地

- 为儿童和家长设计规则和程序

- 宣传和推广你的日托所

- 购买玩具、书籍和家具

- 策划日常工作

- 向其他日托所经营者寻求建议

不论你追求什么事业，为立住脚跟，你都可能会在脑中有一张不断加长的待办项目清单或是一些匆匆记下的笔记，可能包括以下这些项目：

- 建立网站

- 宣传和营销你提供的服务或产品

- 采购
- 面向潜在顾客
- 建立博客
- 建立社交媒体平台

有些人可能有各种各样的目标和行动计划，但是却陷入僵局。你可能会不知所措，不知道从哪里开始。如果我的描述是对的，那么问问你自己："眼下最重要的事情是什么？"比如，建立网站可能比创造产品更重要。又或者，创造产品可能比获得顾客更重要。以此类推，自问："下一步是什么？"

这两个问题有助于你创建实现想法的路线图，回答完第一个问题，再回答第二个，不断循环。整个过程也能帮助你保持冲劲。

我也经常被问及："克丽丝特尔，你是怎么做到这一切的？"我想最要紧的是，我一直在慢慢地添砖加瓦——比如建立脸谱网页面，发推特，保持电子邮件通信，等等。如果我想要一次搞定全部，肯定会手足无措，也可能就无法做好了。

不要想着一次就能做好所有的事情。要避免筋疲力尽和卡壳，最好的方法是一次只做一件事。一头扎进社交媒体，和当地社区建立联系争取支持，学会使网站的流量最大化，这些事情你无法同时做到（并且做好）。坚持做一个行动项目，当你熟悉了节奏和过程，再继续下一步。

我在建立 MoneySavingMom.com 的脸谱网页面时，最初花了很多时间和想法进行定期更新，我要学着发布各种链接和帖子，思考发布什么能起作用，哪一种最有效。然后，我还要不停地练习。随着更新脸谱网页面步入正轨，我不再需要思考就能顺手完成。这就像刷牙一样成为惯常活动。现在，我还是会为更新脸谱网页面感到兴奋，但是付出的跟以前已经没法比了。

创建公司的时候，你要控制节奏。挑战自己，一点一点地尝试新事物，不要一次做完全部的行动项目。一次专注于做好一到两件事，然后再尝试新的想法，执行新的目标。

需要考虑的事情

当你开始建立自己的事业，可以将下面的一些模块考虑进你的行动计划中去。

品牌发展

在此过程中切忌匆忙。实际上，当你确定了事业的方向后，这是你需要考虑的最重要的事。

品牌至关重要。不妨这样想——你不仅代表品牌，你本身就是品牌。

公司或网站的名字必须：（1）涵盖公司的使命，（2）清晰阐明公司的目标。列出备选清单很有帮助，来一场头脑风暴，记下所有能想到的名字和想法。即便是听上去很蠢、很疯狂的想法也无所谓，全部写上，发挥你的创造力就行。

我曾提到，不要匆忙做决定。花一两周想想这些备选名单。问问信得过的朋友，看看他们有什么建议。要考虑长远。这个名字会给企业发展提供助力吗？你百分百喜欢这个名字吗？一遍又一遍地读出来。把它在大屏幕上、告示牌上、网站上、杂志封面上展示出来，这样你还是喜欢这个名字吗？这个名字会不会产生歧义？如果会，那就返回策划阶段，继续尝试。最终，你会找到一个满意的名字。

给你一个忠告：不要用生僻字。可能它看上去很亮眼，但是当顾客在线查找你的公司时那就是个灾难。比如，MoneySavingMom.com 开创前的一年，我还做过一个节俭生活的网站，叫作 SimplyCentsible.com。我在这里玩了一个很有意思的文字游戏，但是对于要去搜索或记住这个名字的人来说简直是个噩梦（虽然我并不认为这完全是名字的错，因为这个网站就没有落地过）。如果打电话说明公司名字时，需要逐字确认，那么最好还是换一个名字。

同样道理，现在越来越流行用生造词来起名，比如谷歌（Google）、易贝（eBay）和拼趣（Pinterest）。如果你的品牌脱颖而出，这样的名字会很出挑，但是大部分时候，最好还是能够挑选那些符合你公司经营内容的名字。让名字定义你，你也就踏上了成功之路。

许多人也许不赞同这一点，但是我相信除非你是名人，有许多线下粉丝，或是写过畅销书，否则还是用包含使命陈述的名字吧。不要用真名，人们如果不知道你的名字，是不会去搜索的，但是他们会搜索话题，也许正是你在写的。

品牌战略和设计公司利平科特（Lippincott）为可口可乐的柑橘味软饮取名为雪碧（Sprite），该词源自拉丁词语 spiritus，也就是英语的 spirit，意思为"精灵"。1961 年这款产品发布时，被推销为一种清新、令人活力四射与精力充沛的东西。这个名字简直完美！威瑞森（Verizon）也是利平科特的成果，融合了拉丁语中的"真实"一词 veritas 和 horizon（地平线／视野）。康宝（Combo）这个生造的名字看上去可靠又有超前思维。

有没有听过一家叫 Stat.us 的公司？你肯定没有。但是当年推特还只是一个构想时，在董事会会议室中，这群家伙最初想到的是 Stat.us。合伙创始人杰克·多西不喜欢这个名字，最终选定了推特（Twitter）。在字典上，这个词的定义是："一种突发的无关紧要的消息。"非常合适，是不是？

回到 2007 年，我们第一次为我的一个以节俭、省钱为主题的博客进行头脑风暴寻找想法时，我们有一个巨大的优势。当时博客还算新兴事物，也极少有关于节俭的博客，于是要确定网站的名字，选择空间很大。我和丈夫花了几周时间在许多不同的点子上翻来覆去。仔细考虑之后，最终选定了 MoneySavingMom.com。我们将这个想法搁置了几天，来确定真的是喜欢这个名字。事实显示，我们还是很喜欢它，于是就一直沿用至今。

八年后的今天，我们仍然喜欢这个名字，也从没想过这个品牌会变得有多强大。实际上，最开始人们用"会省钱的妈妈"（Money Saving Mom）来称呼我时，我爆笑不止。因为我从来没有想过网站的名字会联系到我。我只是觉得这个名字完美地定义了我的使命——帮助为人母的女性省钱。但是，现在多数人都是通过"会省钱的妈妈"知道我，而不是我的真名。最终我也采取措施拥有了这个品牌。

当你选定了几个可能会有效的名字，就要查看一下域名（即网站地址 .com）是不是可以买得到，不要急着跳到下一步，也不要只选定一个名字。因为许许多多域名已经被人使用，或是被那些想要转卖的人买走了，通常这时你就要花很高的代价了。你可以在 DomainsBot.com 上查找域名是否有售。

即使你计划建一个当地实体企业，也最好建立一个网站——即使只是一个很简单的单页面网站，用来宣传你的东西也行。如今在线互联的社会，如果不建立网站将会丧失很重要的营销和曝光机会。

决定好了名称，你可以在网上买下或建立名字相关的所有变体。比如，我们有 MoneySavingMom.com、MoneySavingMom.net 以及 MoneySavingMom.org。然而，虽然我很早就在推特和脸谱网上建立了账号，却没有立即追随拼趣和照片墙（Instagram）的潮流，于是照片墙上的 @moneysavingmom 以及拼趣上的 Pinterest.com/MoneySavingMom 就被人抢注了，而我只能用 @themoneysavingmom 和 Pinterest.com/msmblog。

市场营销

几个月前，我去了一家从未尝试过的沙龙做头发。发型师和我热情交谈，谈话间我了解到原来她就是这家沙龙的老板。

我们彼此分享了经营事业的小故事，她说的一件事让我很震惊。当我问她沙龙怎么招徕生意，她回答说："照片墙！"难以置信，特别是到那时为止，我从来没有听说过有实体企业用照片墙进行有效营销的。她告诉我，每天她都会发剪发前后、染发前后的对比图，也会贴出她为顾客做的真实发型。她还为这些图片加上沙龙的位置标签。虽然她在照片墙上的粉丝并没有想象的多，但是这些照片获得了很多喜欢、关注，以及最重要的——新顾客。

听到这里，我立即获得了提升照片墙策略的灵感。我意识到自己从来没有想过要使用话题标签，或是找到一种富有创意的方式，在社交网站上建立我的品牌。从此，我提高了发消息的频率，也更频繁地使用标签。效果是显著的。仅仅在照片墙上花费了一点点努力，我就在短短几个月内收获了更多的粉丝，这着实令人惊奇！由此可见，不论是线上还是线下，都有许许多多创造性的方式建立自己的品牌。

想一想你自己的事业。计划怎样获得顾客？怎样推广产品或服务？怎样打造品牌和价值的知名度？

我想建议你从探索你能找到的免费选项开始，而不是一开始就花大量的广告费。多年来，我在收费广告商处花费极少。因为有那么多极好的免费宣传选项，收费广告一直都不是我的首选项。

提供免费试用服务。如果能提供免费咨询或小样（不论是音乐课、个人培训课程或在当地超市提供免费试吃），那么对你来说这将是建立客户关系的有效方法。免费的意义以及需要怎么做，要建立参数，这样你才不会浪费太多的时间和气力（最后还造成损失）。比如，如果你的事业是辅导高中生，你可以提供一次免费的课程，对方如果需要继续接受培训再进行收费。如果你销售护肤产品，可以提供小样给顾客免费试用，对正常容量的产品进行收费。另外，提供免费试用之后还可以用特殊折扣来刺激潜在客户或消费者，让他们最终决定雇用你或购买更多的产品。

陶拉在 LivingOnADime.com 上写道：

从营销中学到的最有用的事就是不要吝啬！我们的自出版食谱书《1 毛钱晚餐》（*Dining on a Dime*）就发放了几百册用于试读。是的，我们还要付钱买书、寄书，但是产生的免费广告价值绝对超过这些支出。

鼓励口口相传。建立一个小型客户群之后，你可以鼓励客户口口相传。你甚至可以用折扣优惠券或免费样品鼓励他们进行分享宣传。

安娜丽丝已经教了十五年以上的音乐课。出于财务需要，她给小孩开设了低价甚至免费的音乐课。她帮助的这些人家盛情地把她介绍给别人，为她带来了许多新学生。

和其他创业的人交叉推荐。你可以和别人建立联系，帮助别人摆脱困境或者和其他公司缔结互利协议，以此招徕更多生意。比如，如果你自己烘焙出售婚礼蛋糕，那么就可以和婚礼礼服精品店、花店以及婚礼摄影建立联系，提议可以介绍他们给你的顾客，也希望他们能够帮你推广。

妮可是宝贝睡觉吧网站（BabySleepSite.com）的总裁和创办者。作为公司的老板，多年来她积累了很多经验，她建议：

> 我一直非常努力地和那些受众是妈妈们的公司建立合作关系，效果也是显著的，要增加网站的流量，这是一条稳固可靠的途径。它甚至能够让你获得更多——随着时间推移，你会和其中一些公司建立深厚的联系。举例来说，我有很多喜爱的博主，我们建立了一个小网络，联系非常紧密。如果我要发布新产品，或是举办一个回馈活动，只要打一声招呼，他们通常都很乐意帮忙（当然，反之亦然！）。我把和志同道合的企业合作视为长期营销战略。虽然可能不会立即带来流量或销售量的增加，但是时间会证明，双方都会获益良多，公司也会获得长足发展。

利用社交媒体。当我第一次开始写博客，经营在线企业的时候，社交媒体还不存在。如今，对于新企业的发展来说，社交媒体是最简单、最有效的途径。市场瞬息万变，但是我建议你涉足网络，去探究社交媒体，寻找那些在相似的利基市场获得成功的人。分析他们的所作所为，确定哪些主意也适合你，让它们为你的商业模式效力。

当然，也不要只盯着相似利基市场的人。我曾经受到的启发也有来自完全无瓜葛的领域的人，有脚踏实地保持初心的著名音乐家，在全球活动的慈善家，以及那些愿意冒险、行动起来实现梦想的人。

对于社交媒体，把时间和精力用在流量最多、关注最多和回应最多的地方。如果推特新帖可以拉拢客户，那就专注于推特；如果拼趣比脸谱网产生更大的震动，那么就在拼趣网持之以恒。只要营销战略有用就一直坚持，直到它们不再有效。

埃拉和丈夫经营着一家二手车交易行。她负责广告宣传，在几乎没花钱的情况下出色地完成了工作。她说：

> 我建立了一个很便宜的网站，每周有 70～80 的访问量。不多，但是对于一个小镇企业来说不算差了。我还在脸谱网上发布我们汽车的照片，在克雷格列表网上挂了车辆列表（我们现在会精挑细选，因为每个汽车列表要收费 5 美元了），另外，所有的列表还发布在 Nex-Tech 这个本地的中西部分类网站上，每个月只要付 3 美元，每个列表是 50 美分。我还保证每周会多次回复邮件，更新列表。这些都很有用！

宝贝睡觉吧网站的妮可还说：

创造适用于拼趣的品牌内容非常容易做到，甚至不需要 Photoshop 技能，我的团队使用 Pixlr.com 和 PicMonkey.com 来创造品牌内容（都是非常易于使用的在线工具）。最开始，我们用一些漂亮的打了水印的照片来配合博客文章，我们发现这有利于提高脸谱网上文章的分享数，更不用说那些在拼趣网上的分享和内容了。许许多多的人都在这样做。真的是非常简单又低门槛（还是免费的！）的提高影响力的方法。

建立网络

乔伊斯有一家草坪护理公司，她说通过加入一个当地网络团体，她有机会和别的企业家分享公司的"为什么"和"怎么样"。她和这个团体中的人建立起关系，而这些人几年来也为她做了很多推荐。她还说，这种方式能够为推动企业发展提供巨大的鼓舞和信息。

和其他博主、企业家或生意人建立关系，不仅能够学到很多经验，而且打开了网络（社交）之门。我想明确指出的是：建立网络不是因为别人能帮助你，所以你要去跟他们建立关系；对我来说，重点是你能给别人带去什么。

刚开始的时候，我没有什么可以帮到别人。我的顾客不多，访问量不大，懂的也少；但我有决心，也渴望学习。

我寻找机会去和别人发展关系，做我力所能及的去鼓励他们。我加入了雅虎上关于企业家精神的群组，遇见了许多神奇又令人精神鼓舞的人。我参加了一些很棒的讨论会，让我在网络群组之外也建立了很多友情。这些人不仅非常愿意解答我的疑问，其中一些甚至还愿意帮我在他们的客户中做推广，经常在他们的邮件订阅中稍稍地提到我，或是让我帮他们的网站或邮件订阅写文章。他们愿意推荐我这样一个刚起步、一无所有的博主，到现在我都感到很神奇。回头想想，正是他们的好意鼓励我坚持创业，也让别人发现我的网站。有些人因此无意中发现 MoneySavingMom.com，并多年来一直忠实于它！

随着我的网站成长起来，我决心帮助那些适合我的听众的人推广他们的事业，来传递这种慷慨。这也是我写博客的乐趣之一：给我的读者介绍其他我觉得有用的有意思的朋友、同事、博客、网站、产品和资源。

就在上周，有位写博客的同仁给我发了一封感谢邮件。我曾给她做过推介，这个推介吸引了一位女性读者的注意，此后多年这位读者都一直关注我朋友的博客，并且特意在一间教堂里和她碰面。朋友很兴奋能够遇见一位如此忠实的读者，也很感激我曾帮她推介过网站。

我很喜欢赞美别人，特别是用帮人推广的方式。我将自己的博客视作一个枢纽，人们可以在这里问问题，我指引他们去访问其他的博客和资源，获得有助于满足他们自己和家庭具体需求的信息。我不可能懂所有东西，满足所有人，但是我会尽力帮助读者找到适合他们特殊情况的物品，帮助他们解答我无法回答的问题。

不幸的是，由于我拥有着这样一个大的在线平台，总会遇到许多尴尬的情况。有些人我以为是想和我成为朋友，最后却发现不过是想从我这捞些好处。通常在我们会面后不久（还没有投入时间去经营我们间的关系），他们就让我和他们建立链接，推介他们，为他们的书背书，把他们引荐给其他人，为他们说好话——要求永无止境。我还知道有些人拿着我的名字，声称和我关系很好，实则不然。他们这样做只是为了入得了别的公司的门槛，入得了别人的眼。相信我，要想发展你的事业，有比你拿着别人的名字做踏板好得多的方法。

所以我才会相信，要去努力帮助别人，而不要求回报。找到正在做大事的人们，鼓励、支持、尽全力赞赏他们，真诚且零期待。通常这样的真诚关系会带来很酷的机会，但因为你并未抱期望，即使没有结果，也不会感觉失望。

我觉得我们很有必要少些竞争，多些赞赏。不管怎样，赞赏别人的时候，生活更有意思。我还发现，有人表扬我，会让我更想报之以表扬。另外，也表明了他是真的朋友。

就在不久前，一位著名作者和演讲者主办了一场会议，我欣然出席。活动结束时，我在推特上给这位女士发了信息，想让她知道我很欣赏她，很乐意为她祈祷，为她做我力所能及的事。

当她回复时，我真的非常激动。我们又互通了一些短信和电话。能够鼓励她，我乐在其中。虽然我希望至少能够继续熟悉她，但除此之外我并无他求。

　　几周后，她问我是否愿意和她合伙做一个项目。我措手不及因为她的请求如此出人意料，但我也很荣幸。有一次我们聊天，她提到自己被许多人围追堵截，要她帮他们做这做那，而她常常不得不拒绝。

　　我们又聊了一会，最终我按耐不住好奇心，便直接问她："当初这个项目为什么邀请我来和你合作呢？当时你并不了解我，而且其他很多人在这方面比我更有能力和你共事，为什么选我？"

　　她的回答让我吃惊！她说：

　　　　克丽丝特尔，虽然很多人有求于我，但是如果他们没有先和我建立关系，我是永远也不会考虑和他们合伙做事的。如果是陌生人或我几乎不认识的人请求我的帮助，我从来都不会答应。但是如果有人花时间和我建立关系，我不仅会认真考虑他们的请求，还会积极寻找共事机会。

　　　　你自愿自发地花钱、花时间来参加我的会议，并且从未向我请求过任何东西。就因为这，我可以说，你正是我愿意投入时间也愿意共事的人。

　　她说得对。我参加那次会议仅仅是为了学习如何成为更好的演讲者和作者。但是我投入了时间和金钱，我无所求地和她交流。结果，我不仅和这位令人惊叹的女士合作了好几个项目，更重要的是，她成了我的朋友和睿智的导师，对此我心怀感激。

慷慨这件事，怎样做也不为过。想想生命中那些曾经鼓励过你、给予过你有价值的建议的人。然后同样行事，回报他人。帮助别人总能带来满足，特别是当他们勤奋努力却从未想过有人会帮他们一把、为他们的成功铺路时。

你要做的只是亮相和尽全力

如果你是第一次创业，可能会感到怯场或恐惧。任何新的冒险都免不了担惊受怕。你可能想知道：

- "这个想法真的能取得进展吗？"
- "对我的产品而言，市场够大吗？"
- "我能兼顾事业和生活吗？"
- "我能和同行一较高下吗？"

第 7 章中，我将深入探讨让很多人止步、不再追求获利之道的风险和失败带来的恐惧，我想鼓励你的是，恐惧是正常反应。我还想建议你要勇敢尝试新事物，改善你的生活，也改善你周围人的生活。

最近我被邀请去火焰节舞会做主讲人，这个活动由消防员夫人网（FirefighterWife.com）主办，该组织致力于鼓励和支持消防员和他们的夫人。我很激动——我可以穿着时髦地在一个舞会上演讲了，一切都让我感到非常兴奋！当我乘坐电梯去酒店大厅的时候，我充满信心（有点像灰姑娘）。

当我真正踏入舞会大厅，当我注视着身着华服的一对对夫妇时，我先前的信心却瓦解了。

我咽了下口水。我要给这些妙人们讲些什么呢？围绕着我的是那些强壮健美的消防员，他们风里来火里去，总是冒着生命的危险。这些男士的身旁是他们同样坚强的妻子，当她们的丈夫当值的时候，她们要忍受漫长的白天和孤独的夜晚。

看着大厅里这些坚强和勇气的化身，我感到了自己的渺小。我何德何能站在这个舞台上向他们传递希望？终究我也不过是一个满腹焦虑的女孩而已。对于勇气，我又真正知道些什么呢？

但是我记起……有时候仅仅是展示自己也是一种勇气。

当时我有两个选择：要么被恐惧和自我怀疑吞没，要么尽全力，祈祷我的话语能够给观众带来影响。

当我拿起话筒，我决定尽全力做好演讲。我撇下恐惧和不安，祈求上帝给我勇气，站在讲台后面，拥抱这次美妙的机会。当我走下舞台，我知道虽然自己没能给出最动人的演讲，但我已经尽了全力。

恐惧是障碍。它会扼杀你的活力，让你连尝试都不敢。它是你耳畔的诅咒："你还不够好。""你还不够格。""你注定要失败。"

但是听着：你可以赶走恐惧，一往无前，而你要做的只是亮相，尽全力。

你要做的仅仅是早晨醒过来，做一件能够推动事业发展的事。比如，拿一本教你设计夺人眼球的网站的书，读两章；或是保证每天写一篇博客；或预约某位CEO，听听他的营销建议；或是追踪你的商业计划，每次专注于一个目标，一个行动项目。

不论你要做什么，一定要露面，要尽你所能。然后一切将会改变。

5 扩展构想，充实钱包

> 如果机会没来敲门，那就自己开一扇门吧。
>
> ——米尔顿·伯利

　　我一直记得五岁的时候，参加街坊的旧货出售。我坐在一张儿童牌桌前卖柠檬水，一纸杯卖 25 美分。我思考了好几天，计划着要在哪摆摊，要怎么收费，目标是挣多少钱。是的，你可以说我从小就有企业家天赋！

　　随着年龄的增长，我经常对着父母大谈特谈自己的赚钱投资计划，通常都是很疯狂的想法。比如我曾坚信制作手工贺卡是个激动人心的商业构思。我的父母看到了这个商业构思中的缺陷（没有市场、制作时间太长，并且可以肯定买的人只会是出于对我的同情！），他们温和地劝服我去追求别的想法。

　　我十一岁的时候，开始帮姐姐做一些临时保姆的活。我很喜欢照看小孩，并且在努力工作帮助别人的时候能够得到很大的满足。很多时候我都自愿免费帮人带孩子，因为我想帮助这些家庭，也因为我父母鼓励我投入时间和精力，培养一颗乐于服务的心。

而我也证明了自己是一个努力的人，于是得到了很多工作机会。到我十五岁时，每周会做一份服务员的兼职，教至少十五个学生小提琴，还要帮几户人家照看小孩。我很喜欢这样多彩的生活，也喜欢每一份工作带来的挑战，我还能够自己赚钱买需要的物品，为我信任的事业作出贡献，有一些储蓄。

进入高中最后一年，我考虑着要不要上大学，最终还是决定放弃。因为我的生活很充实，我也很享受做多份兼职。接下来的几年直到我结婚头年，我都保持着同样步调。过程当然很累人，但是却令人欢喜。那几年着实是千金不换。

刚结婚的那几年，我和杰西过着清贫的生活。我在网上做了广泛的研究，寻找在家就能赚钱的各种可能性。做的研究越多，我越是确信，自己应该改变一下赚钱的思维方式了。虽然我做的很多兼职收入还算可以，但都是基于工作量给付的。工作时间越长，赚得越多，但如果我不工作，就一分钱也赚不到了。傻子也知道，想要用目前的赚钱方法在财务上获得成功，就必须工作更长的时间——假设我能找到那么多工作去做。但是我不想工作更长时间。

在研究过程中，我学到了"剩余收入"（或"被动收入)的概念，意思就是投入时间、精力和努力去做一个能够产生持续收益的项目，这样不用继续辛苦劳动也能带来收入。这一发现让我耳目一新。这相当于是不用工作也能赚钱，甚至听着太过美好而有点不现实。幸亏这是真的。随着不断深入探索这一概念，我意识到这就是我的目标。

我在网站上写作，售卖电子书和印好的小册子，从此踏进剩余收入的新世界。制作印刷的小册子比电子书花费的时间要长，利润率也更低，因为我需要投资于纸质材料。而另一方面，电子书可以说是自动化的收入来源。

刚开始，我每天销售电子书的收入不过 5 美元，但这仅仅是个开头。这门生意只需要一次性的前期时间投入，于是我很快意识到几乎什么也不做（除掉偶尔为顾客提供电子邮件服务）就能每周自动赚 30 ~ 50 美元也没什么大惊小怪的——特别是这些电子书通常只花费我十个小时的时间去创作。随着时间推移，我的客户群在增长，我也改进了产品和营销方式。通过电子书，我每月能保证 400 ~ 500 美元的进账。有些月份，我制作了新的电子书，或整理出了一些特别的打包文件，赚得会更多，大概是平时的两倍。所以你看到了吗？跳出窠臼、尝试新事物，真的能获得回报。

梅瑞迪斯是我博客的粉丝之一，她认为剩余收入是获得财务自由的关键。她写道：

> 我丈夫的正职是一名 IT 经理，但是他还经营着自己的公司，把帮人编程作为副业。他招募了一些低薪的程序员组成团队，现在他要做的就是找到活，扔给程序员们做，

另外管理好这个团队。他按照工作时间来收费，并留下其中的一部分。虽然每小时的收入并不多，但加起来也很可观，而且活主要由别人来干，压力也很小。

收音机里每播出一首歌，词曲作者必收入一笔钱。这是剩余收入的又一个例子。不论词曲作者花了多久写这首歌，只要录制出来，收音机里的每一次播放都能让他们分一杯羹。

现在，虽然写一首单曲可能并不是轻易就能实现的事，但还是有许多方式能够创造剩余收入，比如下面这些：

- 写一本电子书在亚马逊上出售。前期一次性投入时间，可能带来每个月的收益流。
- 就你熟知的学科开设一门在线课程。
- 搭建一个博客，添加边框广告和会员链接。你需要定期更新博客才能获得被动收益，但是如果你喜爱写作，这是一条非凡的生财之道。
- 买一处住宅或商业楼，租赁出去。
- 买一种能赚钱的储蓄或投资组合。
- 制作介绍基础知识的视频，上传到你的 YouTube 账号。当你获得一定量的观众，你可以在视频中加入广告，YouTube 会为此给你付一小笔钱。
- 拍摄漂亮的照片，卖给图片网站，如梦时（Dreamstime）、快照（Shutterstock）。

• 做一个手机应用或游戏，在苹果商店或亚马逊上卖掉。

时间宝贵，你要充分利用时间找到建立剩余收入流的方法。最理想的情况是，如果你失去主要收入来源，这些收入能够给你提供财务支持。

有一位博客粉丝跟我分享了她是怎样把自己的技术转化成成功的事业，最终创造了额外的剩余收入的。谢莉十七年前结婚，她和丈夫继承了一张难看的沙发。为了把它变得漂亮，谢莉买了一些带图案的布料做了一个沙发套。结果令人失望，沙发套的大小和图案还是令人厌恶，谢莉还是讨厌这张重新设计过的沙发。但是预算有限，她只能再做一些垫子，让沙发至少能看得过去一些。

一年后，当他们搬进新房子，谢莉就去当地旧货店买了一把椅子，并且决定做一个更好的椅套。她查阅了很多相关的书，觉得自己已经做好了准备，能够做一个合适又好看的椅套。她量尺寸、剪裁、调整大小、设计花样，完全倾倒于它全新的样子。谢莉写道：

> 我的朋友和家人都很喜欢新椅套，纷纷请我帮他们也做一个。当时，我刚怀上头胎。我告诉我丈夫，等有了孩子，我可以待在家里制作沙发套。他只是笑笑（当然是好心的），但我却是认真的。孩子出生后，我还继续着美体工坊的兼职，但在三个月后我终于接到了第一单生意。

接下来，谢莉每个月都会接到一两单制作沙发套的生意。当她的孩子一岁时，事业也迎来了繁荣。她不仅有足够的收入和资源辞掉兼职工作，最终赚到的钱也让她的家庭摆脱了债务，负担得起装修好的地下室、两辆车，甚至是房子。哇，这还不是全部！下面要讲谢莉是如何让自己的事业更进一步，产生剩余收入的。

当我摆脱了债务，我把一部分生意做成在线商店，在我的博客上卖教程（沙发套光盘，枕头电子书，还有高阶沙发套制作指南）。这让我获得了一笔丰厚的额外收入（平均每月 1000 美元），让我能够不用太过劳累工作。唾手可得——我愿意这样形容这部分收入（只需要付出一些初始投入）。

只是想把家中难看的沙发变好看，这样一个决定却变成了一项有利可图的事业，这让我很惊叹。但是，想得更远也能带来额外的收入流。下文我会介绍一些实例，就是用这种方法挣额外的钱、持续地挣钱。每一类我都会进行简短的描述，主要是为了开动你的脑筋。如果你对其中一些内容感兴趣，可以上网查询，做更彻底的研究，看这个选项是否适合你。

电子书

近年来，随着电子阅读器的出现，以及从亚马逊下载电子书到个人设备越来越容易，电子书的出版获得了巨大的发展。这为作者们还有那些有一技之长的人大开方便之门，让他们能够把自己的技能和感悟呈献给大众。

这对于我们很多人来说确实是个好消息。不论是三十分钟内烹饪出美食，还是用很少的钱就能把房子装点得适合度假，又或是在一个不健康的世界里实践积极健康的生活方式，如果你因此被誉为"专家"，那么有一种方法你可以创造出收入，那就是写一本电子书卖掉它。

刚开始可以免费指导（通过当地或网络课堂、讲习班或博客），建立"专家"的名声，激发他人购买你的材料的热情。一旦制作出了电子书，你便可以在亚马逊上售卖，也可以放在自己的网站上提供 PDF 格式的下载。我建议雇一些专业人士去包装，比如 FiveJsDesign.com。虽然要花费几百美元，但是会给你省去很多麻烦，比你自己做要更专业、更精炼。

房地产

2011 年，我和杰西达到第一个大目标，全款买房，此后我们又开始了另一个储蓄计划。我丈夫一直对房地产很感兴趣，总是暗示想把一部分财产投资在房子上。一番交流和深思之后，我们同意这是增加剩余收入的好办法。听了无数的播客，看了无数关于租赁资产产权的文章和书籍，研究了投资的最佳区域及出手的最佳价格区间，杰西总结了自己的发现让我参谋。我们一起决定储蓄买一处租赁房屋。

第二年，我们把所有从不固定收入中获得的收益都放进了租赁房屋储蓄中。通过设定目标，朝目标努力，每个月坚持不超预算，我们比想象的做得更多。我们花了好几个月才找到一处房屋，位置正好，价格合适，条件满意，真是工夫不负有心人！2013年，我们用现金买了第一处租赁房屋。

我们并没有自己去经营，而是雇了一家房屋中介来管理租赁事务，月费8%，从结果来看非常值。目前在我们的出租屋里有两个租户，相处得都非常好。最重要的是，每个月我们都有收益，即使算上持有房屋偶尔需要支出的维修和维护成本。

现在我们又在为第二套租赁房屋存钱了，并且仔细研究要买在什么位置。我们的梦想是有一天靠剩余收入赚到比做生意更多的钱，只有这样我们才能更加慷慨地助人，还能拓展事业发展的空间。

詹妮弗已经是两个孩子的祖母了，她说道：

> 多年来我一直在出租房产。目前有三个单元在租。当你夹在租客中间或不得不对付不按时交房租的人时，真的会很痛苦，但是对我而言，出租房产是最大的剩余收入来

源，特别是我没有别的工作收入。对你的孩子而言，这也
是非凡的学习机会。

直销

来自价值 300 亿美元直销渠道的收入近年来稳步上升，
2010 年增长 0.8%，2011 年增长 4.6%，2012 年增长 5.9%。只
要个性适合，直销是建立成功事业的好途径，用你的团队带来
销售，也带来剩余收入的可能。

考虑直销时要格外小心。我看过很多女性花费巨资劳心劳
力想要开一家直销公司，最终却失败收场，人财两失，处境尴
尬，周围的朋友们都觉得自己是被胁迫着去买她们的产品。研
究这些公司，找出创立公司需要的条件。比如，创立公司需要
多少钱？要维持经营活动每个月的最低销售额是多少？需要签
约多少人帮你销售？你还需要雇用其他销售人员吗？

要在直销上取得大的成功，我强烈建议你要对自己销售的
产品保有巨大的热情，要有庞大的社交网络，要精力充沛，时
刻寻找创新的方法推广和销售你的产品。你要非常有条理，那
些能高效激励销售队伍的人对你来说是宝贵的资产。

我从未亲自参与过直销，但是我认识几位在直销上做得很
成功的女性。其中一位是我的朋友乔伊。我询问她是否能分享
一些直销的故事和经验。她是这样说的：

十六岁我就入了直销这行，在柏丽珠宝工作。就个人而言，我觉得这是一个很好的机会。通常几个小时（晚会上）就能挣 100 到 300 美元，甚至更多。另外，我获得了很多免费旅游的机会，去过很多有趣的地方，包括德国、奥地利、阿鲁巴岛、希腊和百慕大。而且，因为我卖的是珠宝，所以我也获得了很多免费的珠宝，而我几乎每天都戴着它们。

如果考虑做直销，有件重要的事情你要记住：你在卖产品。如果你对销售感到不安，最好三思。

在珠宝生意里，我们经常说："珠宝会自己找到买家。"一方面，这一说法是对的。我每天都戴着珠宝（现在也是！），人们经常会驻足称赞它们，这时我就会告诉他们我从哪得来的这些珠宝，如果他们有兴趣可以怎样去购买。大部分情况下，他们会留给我联系方式。但是，"找到买家"也就到此结束了，最终还是要由我来联系买家，完成买卖。

另一件需要考虑的是，直销往往发生在晚上，你可能要每周要花几个晚上去参加家庭派对或演出，每天这个时间段工作并不是每个人都适合。另一方面，这允许你白天待在家里，如果你有小孩，这也是一个好处。

在你做直销前，应该考虑一下这些因素：

1. **找一家能真正付给你工资的公司。**有些公司会让你以折扣价购买他们的产品，然后由你自己正价卖出去，赚到的差价就是你的收入。在我看来，这不是做生意的好办法。

2. **选一家声誉良好正直诚实的公司。** 我所在的柏丽珠宝是一家有六十年历史的家族企业，而且零负债。我曾观察过他们怎样对待雇员，于公于私，我都喜欢他们的企业价值。

3. **找一家酬劳可观的公司。** 柏丽珠宝以30%的佣金为基础，这个比例已经很高了，大部分直销公司以20%～25%为基础。通常，真正带来收入的是雇用和建立团队，这一点令人兴奋。因为你不仅提高了收入，还开始进行指导，鼓励其他女性走向成功。过程虽然辛苦，但是非常值得。

4. **找一家创始资金要求低的公司。** 我开始销售柏丽珠宝的时候，仅花了99美元就获得了1000美元的珠宝样品，我可以自己戴，也可以拿来展示；并且我立即就开始赚取佣金。如果一家公司叫你花几百或几千美元来开始直销，我会考虑换一家。

直销已经不再是我的全职工作，但是我目前事业的大部分成就都可以归功于做直销的那段时间。我学会了在人群面前如何说话，和各种各样的人一起工作，培训团队至卓越之境，也学到了认可和慷慨在别人生活中的力量。

博客

邮件中我最常被问到的一个问题是："你如何写博客赚钱？"

简短来说：比你想的要容易，也比你想的要难。容易是因为不需要太多前期现金投入，也不需要学位或证书，博客就这样敞开着，盈利空间很大。但另一方面，要创建一个能带来兼职或全职收入的成功博客，需要大量的精力、决心、坚持和毅力。

当我开始做 MoneySavingMom.com 时，我已经有一个每天 3000～5000 访问量的母婴博客，因此优势很大。另外，当时写博客还是新鲜事物，没有今天这么多奇妙的博客。

现在如果你有兴趣建一个成功的赚钱博客，上网就能学到很多有价值的信息。你要牢记以下这些最重要的事：

为博客选一个好名字。就像我在第四章提到的，博客的名字就是你的品牌。博客的名字要围绕它的使命，清晰明确地表达它的目标。取名的过程不要匆忙。这是一件大事。要确保你现在喜欢这个名字，几年后还喜欢。

坚持更新高质量的内容。在一个饱和的市场中，新鲜独特的声音和方法会脱颖而出，鹤立鸡群。那么，如何在利基市场中，让你的博客和别的博客区别开来呢？如果觉得自己无法在接下来的两年内每周更新三次你专注的话题，也许你需要谈论一些别的话题。另外，定期更新的博客让人们抱有期望，也能让人们更勤快地访问你的博客。做到一周至少更新三次，你就踏上了建立读者群的道路了。

建立社区。如果你想建立读者群，就需要面向你的读者。不要更新完文章就消失，留下读者们在评论区相互交流。你要定期回复读者的问题，和他们互动。实际上，当你走出第一步，可能就会想要回复所有的评论。这样做能够让人们感觉属于某个社群，增加读者黏性。倾听读者们的声音：征求他们的建议，欢迎他们的投入，让他们知道你对他们的珍视。

不要只和读者联络。找到其他博主，交流想法，相互扶持，和他们分享你新学、新体验的事情。这些友谊是无价的，并且这些人懂得如何做博客，和他们在一起非常有助益。和其他博客合作创作系列文章，唤起人们对你所关注的问题的认识，在其他博客上发表客座文章。始终寻找方法和别的博主合作，让你们的合作既有益于你的读者，也有益于合作博主的读者。

如何建立博客、利用博客牟利？想要知道其中的详细步骤，可以访问 MoneySavingMom.com/make-money-blogging。同时，我强烈建议你读一读 Ruth Soukup 的《不出卖灵魂也能用博客赚钱》（*How to Blog for Profit Without Selling Your Soul*）。

记住：也许要花好几个月（甚至更长的时间！）才能看到收益，而此前你要在博客中投入大量劳动。你要不停地测试、调整方法，研究哪些更适合你的观众。

还有很多很多

我喜爱在博客上、社交网络上结交的朋友和认识的人。在网页社群上，他们帮助他人的感悟和激情给我带来灵感；他们努力创造机会去改善自己的财务和他人的生活，也让我惊叹。传统的朝八晚五工作之外，还有许许多多的想法能够为你和你的家庭提供财务支持，我真的被惊到了。

剩余收入仅仅是其中一种。我向你保证，还有许多其他选项可供考虑。下面我要介绍的就是那些对自己有信心、做出一番事业、达成财务自由目标的女性。我希望你见证这些故事，鼓励你看到可能性。

记住，每一项工作或在家创业都是非同寻常的。每一种都有自己的难题：时间、需求、技能和潜在收入。就像我早先说过的，适合别人的并不一定也适合你。

买、做、卖

你心灵手巧吗？你会做针线活吗？你会制作或装点家具吗？你能不能在二手商店或寄售商店用最低的价格找到高质量的物件？你有没有一堆需要处理的家具或其他家居物品？

考虑出售自己做的东西，或是从易贝、克雷格列表、易集廉价买回来的物品，这些东西几乎不需要多高的前期成本。我的博客有一位读者和当地百货商场联系，用极低的价格买下了所有的换季鞋子，然后在易贝上出售，利润可观。

另一位读者，莎拉，最近在易集上开设了店铺——业余博物学家（the Amateur Naturalist），销售生态缸套件和配件。虽然这是一种新生事物，但是反响非常热烈。鉴于易集是家庭创业的热门选择，这个市场上的激烈竞争会挤掉潜在的创业者，莎拉给出了一些好建议，让你的事业或构想能够在上面立足。她写道：

> 我对易集的搜索引擎优化很了解（能够在搜索的时候让你的产品或店铺显示在更前面），我认为这非常有助于让人们找到我们的产品。此外，我建议你专注于那些让你的产品与众不同的特质，找到能让你脱颖而出的利基市场。出色的照片在易集上绝对是关键。我曾请一位摄影师朋友帮我们拍摄了很多照片。
>
> 如果你决定在线销售，有一些小招数你可以用到：
>
> - 发布漂亮的照片
> - 描述要精确
> - 价格要合理
> - 及时回应询问

燃脂的生意

迪蒂在当地健身房教授健身班，她说：

这份工作的好处是能获得免费的会员资格。你也可以和健身房商量，给你的丈夫或其他家庭成员取得会员资格。虽然我赚得不多，但是免费会员资格（会员费为每个月40美元）也算值了，并且还促使我去健身。

虽然迪蒂选择的是更传统的路径，但你也可以考虑有没有可能成为私人教练或是私人健美师，你可以在家庭健身房工作，也可以在多个健身中心当一个自由职业者。你可能需要具备适当的资格证书，但是这一类型的工作很灵活，甚至可以同时带孩子。另外，也是保持体形的好方法（同时还能赚钱！）。

米丝蒂写道：

我是当地 Y 健身中心的一名水中运动教练。Y 健身中心出钱让我学习并获得了心肺复苏术、急救和其他安全资格证书。我们全家都享受免费家庭会员资格，参加夏令营和私人课程还有折扣。

护理：人或者宠物

喜欢人群？婴儿？小孩？动物？想要照顾人或物？

如果你喜爱动物，可以在附近寻找照看宠物或遛狗的活。我认识很多养狗的人，外出时都在寻找寄养狗舍；还有一些全职工作的人，很多都想找人带他们的爱狗出门遛弯，白天的时候给这些可爱的毛茸宠物一些关爱。

贾尼斯是个狂热的爱狗人士，她很热爱照看小狗的事业。她是这样说的：

> 每周有一两天我会去帮别人遛狗，也许是一只，也许是三只。我家孩子很喜欢遛狗，我也喜欢，并且还能填上家里的财务缺口。我会通过"见面会"预先检查这些小狗，也就能提前知道是否合适。只要我需要就能休息，和孩子们待在家里，并且我开始喜欢这些小狗了。我建立了有限责任公司，虽然这不是必要的。第一次知道帮人遛狗是在DogVacay.com 网站上，我通过他们投保、做营销，真的非常感谢他们的后台支持。

照看孩子呢？如果你的孩子还小，你可能会明白找到负担得起又值得信赖的托儿服务有多难。考虑下给你的朋友或社区里的人提供托儿服务，甚至是在家里开一个日托所。后者也许需要国家许可证，取决于你照看孩子的数量，这可能会是一个很好的选择。

六年来，帕姆一直在家中为他人提供幼儿护理服务。这是一项辛苦的工作，但是她乐在其中，也满足于从中赚到的收益。她写道：

> 虽然工作辛苦，但是你可以在家和孩子一起，这就是额外的红利。我因此为家庭赚了一笔收入，并且我很高兴，

做的是自己喜欢的——教导、照看孩子们。当然，并不是每个人都适合干这个。每天早上六点到下午六点，工作时间很长。

你也可以考虑帮度假的人看房子，或每天花几小时帮朋友照看年迈的父母或祖父母。

宝刀不用也会生锈

我认识的很多母亲都有大学学位、资格证书，或是接受过一些特色培训，有一技之长，但现在那些证书都被放在那落灰。当然，许多这样的女性都献身于养育孩子，无意或无欲再去追求事业或完成使命，就这样因为顾虑而埋葬了自己的事业。

但是，仍然有女性想要或需要挣钱，去提升或仅仅是维持她们的财务水平。如果你也是这样，那么可以追随凯西的领导，在你经验丰富的某个区域或领域夺回自己的利基。

她写道：

五年来我一直在家工作，经营我的网页和营销设计事业（CanopyWebDesign.com）。一年前我回到了家庭外的全职工作中，即便如此，我还是继续为少数客户提供策划。这让我保持技术更新，万一将来需要我还能用得上。我也很喜欢和客户工作，特别是当我想出的一个设计正好符合他们的需求时。

不论你是平面设计师、行政、代理、教师还是护士，想一想怎样把自己的技能转化为副业。你有没有擅长的事情能够电子化，比如编辑文稿、更新网站内容，或是做调研？查看Guru.com 和 Upwork.com 这类自由职业者网站。你喜欢中学英语课吗？也许在你决定在家带孩子之前你曾是一名老师。你可以在当地社区中心辅导学生。和你孩子的老师以及家庭教师协会保持密切联系。

注意：搜寻发明家

事实证明，成千上万的发明都非常有用，其中一些甚至构成了我们生存的基础。当然，也有一些发明愚蠢无聊，但是仍然给发明者带来了数百万美元的收入（谁还记得宠物石*？）。

最近我收到一封来自吉尔的邮件，她想用有限经费通过一项发明增加自己的收入。开始，她毫无头绪。一次意外死亡事件给她带来了灵感。在她的农场中有只鸡因为在交配中受伤而被啄死，有一种叫作"鸡鞍"的东西本应保护它们的，但是吉尔对现存的产品都不满意。这些产品太贵，无法大量购买，而且老是需要清洗。

她和丈夫进行了头脑风暴，想看看怎样才能改进这个禽类用品。经过一年的材料测试和原型设计，他们创造了一个比任

---

* 宠物石，即把石头当宠物来养。该创意来自加里·达尔，每个宠物石售价 3.95 美元，净利润 3 美元，投入市场第一年上半年，便为达尔带来 150 万美元收益。

何竞争者的产品都更廉价、需要更少维护的产品，并且准备申请专利。

猜一猜这对夫妇花了多少钱来做发明、做营销、从试验设计中取得反馈呢？才20美元！没错！他们在养鸡和园艺论坛这个利基市场上做广告，以此将广告费用降到最低，在易贝和易集上销售，从受欢迎的养鸡博客（对，真的有这样的博客！）上争取产品评价（通过赠品），把符合他们产品、故事和事业的文章推介给利基市场和当地媒体。从2012年发明这项产品至今，他们已经卖掉超过一万件，这给他们带来了不错的副业收入。真是太有才了！

你有没有觉得可行的想法呢？吉尔给潜在的发明家提供了一些窍门：

- 做只属于自己的东西——做市场上还没有的东西。想要和那些已经存在的竞争对手竞争或打价格战都会让你沮丧。
- 找到自己的商机。你的兴趣是什么？你的专业是什么？你的爱好是什么？也许可以开发一款目前市面上没有的app。
- 没有资金？你可以在Kickstarter.com这样的众筹网站上筹资。如果你有可销售的产品，可以在易集、易贝这样的低准入网站销售。
- 创作并推销不同寻常的故事到合适的媒体上，以此保证较低的广告成本。确保自己了解所属的利基市场。把你的故事推销到《福布斯》杂志也能带来大量的读者，但是《福布斯》也许会拒绝你的故事，或者他们的读者对你的发明并不感兴趣。

- 保护创意。如果这是一个全新的与众不同的产品，申请专利来保护你的发明，免于被别人盗走产品的痛心。

布里是一位住在佛罗里达州蓬塔戈尔达的母亲，她也靠自己创造性的发明改善了生活。结婚前，她有一份高收入但工作时间很长的工作。结婚并有了女儿后，她不想再继续这样长时间地工作，而想花大量的时间在女儿身上。

以下就是她鼓舞人心的故事：

我知道上一份工作的习惯不会就此消失。花时间和家人在一起比长时间工作赚大钱更珍贵、更难忘。因此，我决定做一些副业，这样不用放弃和家人在一起的宝贵时间，也能让我赚取最大的利润。真的就在几分钟后，梅森小杯子（Mason Muggy）诞生了。

我坐在电脑前盯着空白页面，用自己最喜欢的梅森罐杯品着咖啡，女儿不屈不挠地扯着我的裤管，求着要用我的杯子。于是我被"顿悟"击中。我年幼的女儿不愿意用幼儿杯，只想从妈妈正在用的瓶子杯子里喝东西，于是我开始搜索幼儿用罐杯，但一无所获。我意识到，如果我能找到方法制作幼儿用罐杯，那么我不仅能从中获利，还能解决使用喝水杯的困境。

我的心因为兴奋狂跳起来，我打电话给我丈夫，和他进行了一番关于做幼儿用罐杯的疯狂想法的长谈。出乎意料地，他认可这是个很棒的主意。而这正是我需要的。不久之后，一个电视广告吸引了我。那是探索发现频道上的一个节目《比利·鲍勃有料之财富》（Billy Bob's Gags to Riches），宣传说他们正在寻找"红脖子"产品的新发明家。我决定去参加这个电视节目！我写下这家公司的联系信息，把我女儿装进车里，出发去寻找制作第一个原型所需要的物件。

花了不到 6 美元，我们就在一家大商店找到了所有需要的东西，准备制作第一个梅森小杯子。当天晚上我们就做出来一个原型产品，我女儿终于不用喝奶瓶了！对我来说，这是多重的胜利。我把这个原型产品展示给亲朋好友，他们的反应惊人地相似："哪里能买到？！"

我拍了几张原型产品的照片，快速草拟了一封电子邮件，发送给了那家寻找"红脖子"发明的公司。然后我列了一个离家最近的专利代理公司名单，约定了一家。在他办公室里度过紧张的八个小时，还带着一个蹒跚学步的幼儿，我们填完了临时专利、商标和版权的材料！

几天后，我正在为女儿更换尿不湿，手机响了。我没有认出号码，于是任由它转到语音信箱，继续换尿不湿。

直到几个小时后，丈夫回家，我才记起来要查看语音信箱。站在停车场，看着他拉着女儿转圈，我开始听到了这则语音留言，泪水奔涌而出，开始欢呼雀跃。消息来自探索发现频道的制片人，他邀请我们去伊利诺伊州哈丁推介我们的想法！

我的小梅森吸管罐杯上了《比利·鲍勃有料之财富》节目，而且和乔纳·怀特签订了10%的授权协议。"比利·鲍勃的梅森吸管罐杯"很快就会风靡各大零售商店，我仍然拥有原始梅森吸管罐杯（梅森小罐杯）的专利、商标和版权。我还将发布第二款杯子，专注于我们公司的口号"每一口都带着微笑"，采用一对一的商业模式。每卖出一个梅森小罐杯，我们都将给一个缺乏清洁水源的儿童提供干净的饮用水。

填补空白

林恩深知作为一个职场妈妈将面临许多挑战，其中一项就是花时间带着孩子去踢球、去乐队俱乐部、去唱诗班排练，去参加橄榄球赛、去学习小组，还有许许多多其他的义务。于是她决定做一名本地司机，为妈妈一族服务。她开车接送附近年长一些的孩子去看牙医或是去参加城外的比赛，在他们的父母工作缠身或是孩子们的行动时间彼此冲突时。

娜塔莉是一名全职主妇，在家带两个男孩。虽然她实行了很多预算计划和省钱策略，但钱还是紧巴巴的，而她想要为改善家里的财务状况作点贡献。同时，她儿子患上了湿疹。一切都徒劳无功，不管是没完没了地去看皮肤科医生，或是涂抹无数指定的乳膏和药膏。她尝试了所有办法，甚至从当地农贸市场买了一管护肤膏。令人惊愕又宽慰的是，竟然管用了！

受此启发，娜塔莉开始反思以前的家庭护肤选择，决定少用化学品，多选择天然的产品。她开设了一家叫作 Nu Natural 的公司，一家移动小店，专营来自手工匠和小型企业的无毒、全手工制作的护肤产品，价钱公道。这种移动的形式（就像快餐车）让她得以维持较低水平的开销，并因此惠及她的顾客。

我所推崇的娜塔莉不仅做成了事业，并在这个过程中把当地工匠推广了出去，这些工匠很多都是全职妈妈；而我要推崇的是，她还把 5% 的利润捐赠给了肯尼亚的一个家庭，用于照顾怀孕的女孩。娜塔莉说：

> 开设 Nu Natural 之前，我有八年时间分文未赚。当我提出这个商业构想时，回馈本地民众和世界上其他的人对我来说是势在必行的。

多么好的一种改变方式！

虚拟助理

成为一名虚拟助理对于有条理的全职妈妈来说是非常棒的选择。我认识一位女性，她经营的企业就很大程度上依赖一名两个时区外的雇员。虚拟助理处理各种各样的工作——电话呼叫、簿记和网站更新。这样的工作非常完美。助理可以在家带孩子，保持灵活性，而企业主也能拥有一名不错又靠得住的助理。

目前，我的团队成员都以虚拟的方式工作，他们大部分是忙碌的妈妈一族，在家按照自己的工作表和时间表工作。他们监督不同的项目，完成不同的任务，只要时间和他们的工作表契合，工作基本上就能完成。对我来说这真是一种双赢的模式！

有了现代科技，那些努力、可靠和注重细节的人有了很多可能和机会，以虚拟的方式帮助其他网络企业工作。实际上，优秀的虚拟助理总是稀缺，就好像所有声誉良好的人都已经被预订了，而其他的博主和网络企业主们时常要我给他们推荐靠谱的助理！

布朗迪是我博客的粉丝，在大公司工作了十五年。当她的第三个孩子降生时，她决定辞职在家抚养孩子，直到孩子上全日制学校。她经营着一家网络商店，虽然很灵活，但是收入不多。然后她开始提供保洁服务，虽然挣得多了，但是不灵活，不适合带孩子。最终，布朗迪成为隔壁州一位代理人的虚拟助理。她每周需要工作大约二十五小时，这给她带来了足够的额外收入补贴家用，也让她具有足够的灵活性去参与孩子的校外生活。布朗迪给那些居家找工作的女性提供了很好的建议。她建议说：

找符合你的时间表、技能、兴趣的工作。有一间单独的办公室，挤出固定的时间用于工作。不要让你的在家业务掌控你的居家生活。

翻看丽莎·莫罗斯基的书《VA 指南》（*The Bootstrap VA*），能找到更多关于这方面的信息。

问卷调查

当我注册网上问卷调查公司的时候我并不清楚自己在干什么。虽然随后我发现大部分问卷调查都不值得花那么多气力，但我还是认为不是所有问卷调查都应该被小看。

你要明白，做问卷调查并不会让你富有，你可能一小时也赚不到 10 美元。但是，如果你有耐心、有毅力、坚持不懈，你绝对会赚到些钱，特别是在你注册那些合法的公司，那些在问卷调查领域有良好声誉的公司的时候。想要增加一点额外的副业收入，做调查问卷会是一种有趣的方法，而且你能在闲暇时间做。

一些小窍门：

- 为问卷调查设置独立的邮箱地址。做问卷调查会收到额外的广告类型的电子邮件，没有必要让它们在你的日常收件箱里泛滥。
- 不要做那些只能让你抽奖的问卷调查，这种不值得你投入时间。

- 如果刚开始进展很慢，不要气馁。你需要花些时间去
了解自己喜欢哪些类型的调查问卷，哪些问卷调查最
值得做。坚持住，你会更好地掌握，做问卷调查时，
在哪里投入时间回报最高。

卡蒂参加网上问卷调查几年了，今年的目标是赚到 900 美
元左右。她写道：

今年真是收获大，我收到两个免费的文胸用于测试，而且
测试完给出反馈后还赚了 7 美元。我还做过洗发水、护发素
等等试用。我不仅从中赚到了钱，还省下了买这些用品的钱。

艾琳对 UserTesting.com 赞赏有加。这个网站让她每周赚
150 ~ 200 美元。几个月前她想赚钱给她丈夫买一个 Xbox，
于是开始去这个网站做试用调查。刚开始，她每周大概赚 50
美元，差不多每天花十到十五分钟做一个测试。她说：

做调查的时间越长，等级会越高，获得的机会也越多。
现在我每天收到的试用调查多到做不完，因此我得以挑一
些自己喜欢的来做。

买到手软

你也许看到过杂志或网站上的广告，说每个月只要购购物、吃吃喝喝就能赚数百美元——可能听着太过美好而有点不现实。别瞎说啦，对吧？

好吧，这些广告会设计话术，用具有说服力的措辞让你参加一些过于昂贵的项目，你自己稍作搜索就能在网上找到。但是，不管你信不信，神秘购物是一项合法收入来源。并且在很多大都市区，这样的工作机会很多，报酬也很丰厚。

我曾试验过这项收入源，当时我注册了 Volition.com 上列出的所有神秘购物公司。我设置了一个独立的邮箱，专门用来收有关神秘购物的邮件。我花了几个小时才注册完，但是这一切都是值得的，接下来的两年我获得了许许多多神秘购物的工作机会。举几个例子，快餐店、休闲餐厅、高档餐厅、加油站、美容用品商店、宠物店，甚至是保龄球场，都是我神秘购物的地方。我最喜欢的是餐厅的神秘购物，它不仅解决了我和丈夫的餐费，通常还会额外多付 10 美元报酬。

所以，这份工作能挣多少呢？还是要看情况。大部分工作平均每小时支付大概 7 ~ 15 美元（包括一些报销）。一旦你和一家公司建立联系，可能会获得每小时 20 ~ 25 美元的报酬，甚至更多，这样的机会通常不给新人。

如果你对这样的工作感兴趣，要确保只为不需要预付费的合法公司工作。可以查看神秘顾客检测协会（MSPA）的网站（MysteryShop.org），它就相当于神秘顾客的商业改进局（BBB）。

另外，花点时间填完所有的申请。要有耐心。随着时间推移，你会开始发现有许许多多的工作机会。有些机会先到先得，因此，每天多查看几次邮件，感兴趣的要立即回复。

尽管问吧

找到赚钱机会的一个方法是积极提问。当别人都知道你在找什么，他们会分享你的需求信息，把你推荐给需要的人，这样你也提高了获得工作的可能性。有时候，比起网上搜索或广告，口耳相传是更好的信息来源。

布伦达是位单亲妈妈，带四个男孩，还要全职工作。她勉强支撑这个家庭，做过保姆，帮人看过家，卖过特百惠塑料制品，还无数次加入寄售行列。她说："我能给其他妈妈们最大的一条建议就是让人们知道你想赚些额外的钱。我的副业都来自人们的口耳相传。"

不要觉得腼腆或尴尬，告诉别人你需要赚钱。当你寻找解决办法时，只有敞开自己接纳它们才能把解决之道揽入怀中。也只有开诚布公地告诉别人你想要什么，才能做成事。也许刚好你的姐妹知道有一位邻居需要重新装修房子，或有一个朋友知道有人正在寻找保姆，又或是一位同事认识需要招会计的企业主。

　　我希望面对这么多的可能性，你现在已经充满勇气。不论财务状况如何，要知道仍然有希望，让希望渗入你的内心深处，与你同在。和那些能够鼓励你、激励你的人在一起，让积极的影响环绕自己。懂得感恩，即便生活颇多无奈。寻找那些让你感恩的事物，可以是任何东西。不论行动多么微小，都能成为伟大的力量。它们帮助你维持立场，永不放弃。生活能够改变，会变得更美好。当你挪着碎步向正确的方向前行，通过读书寻找赚钱的方法，到建立积极的态度，再到深入挖掘机会，你将获得成长。实际上，你也将获得更多的机会。下一章，我们就来看看你将获得的成长。

6　让事业成长

　　　　成长显著地把成功者和失败者分隔。当我看到某个人
　　把自己和人群分隔开来，我看到的是他的个人成长。

——约翰·C·麦克斯韦尔

　　艾米从妈妈和奶奶那学会了缝纫。她还能记得她们是这么
说的："自己会做为什么要买呢？"那时她还是个小女孩，坐
在一群女人中间，她们仔细地度量漂亮的布料，背景是缝纫机
的嗡嗡声，让人昏昏欲睡，但不成形的材料却被做成了漂亮的
裙子、戏服和枕套。

　　当艾米长大成人，她的这个嗜好帮了大忙。2007年当她
怀上第一个孩子，她重新收拾了缝纫机（和她的技巧），为她
的孩子做了一些围嘴——也多亏了遍布网上的大量免费指导。
接下来的三年，艾米发展了这项创造性天赋，一直只为她的孩
子做缝纫。缝纫得越多，技巧也越纯熟。不久，家人、朋友纷

纷跑来请她帮忙缝些东西。

2011 年，艾米在易集上开设了自己的店铺，每个月只更新几个商品，视业余时间多少而定。生意虽小，但是持续赢利着。两年后，艾米正在读研的丈夫经营的公司财务状况开始恶化，曾经稳定的财务崩溃了，他们急需额外的收入来生存下去。艾米想着，如果她增加产品，改进展示的照片，用批发价买入更多的产品，可能有助于家庭预算。

于是她努力工作，发展自己的事业（GabrielsGoodTidings.com），提供、销售前所未有地多的产品，甚至多次得到日常购物网站的推荐。第一次推荐是在 Jane.com，十二小时内，她卖掉了大概两百件产品。当艾米开始扩展事业，销售持续增长。她和其他网站合作，比如 Zulily.com；她还以批发价格给一些公司大量供货。2014 年，艾米的事业已经成为家里的主要收入来源。

我很喜欢这些鼓舞人心的成功故事。当我们祝贺艾米的成功之时，不要忘记，她的事业不是一蹴而就的。在这段路途中，她常常要做出牺牲，包括经常性的拒绝。艾米写道：

> 我生命中最重要的事就是我丈夫，我要支持他完成学业，还有我的孩子以及他们的教育，另外就是确保这项事业能够满足我们每个月的预算要求。其他大部分事情我都无暇顾及。

为了达到增长目标，她还寻求了家人的帮助。艾米很感激她的孩子们努力贡献，帮助她打包、叠放和整理产品。一路走来她都做出了明智的财务经营决策，没有牺牲产品质量。

一旦建立起自己的事业，保持稳定的步伐，知道自己将要进入什么境地，就是时候提升目标，专注于事业发展了。

缓慢、精明的增长

没有无挑战的增长。如果你的事业在短时间内扩张，而你没有准备好，那必然会导致生意或生活在某些方面的妥协。

我坚信缓慢的增长。比起快速、迅猛的增长，随着时间推移的增长更可持续。因此，力争稳定缓慢的攀升，而不是希求大跃进。这样的增长不仅更不会难以应对，而且也更易获得财务上的可持续性。

贝丝是全职妈妈，自从她和丈夫分居后，就面临着严苛的预算支出。她丈夫做过一些很糟糕的财务决策，留给她一大笔债务，她别无他法，只能宣布破产。生活如此拮据，许多个日子里，贝丝甚至揭不开锅。

2010年，贝丝即将面临拖欠抵押贷款的窘境时，开始在易贝上卖东西，同时继续在当地一家杂货商店做销售，直到她扭伤脚踝，不得不离职。她开始更深入地研究如何通过在线销售来赚钱。当时，她是易贝卖家脸谱互助小组的一员，注意到他们很多人谈到在亚马逊上卖东西。又研究了两个月，她开始通过亚马逊的第三方卖家项目进行销售。她从沃尔玛和塔吉特这些流行的零售商那购进物品进行再销售，把货物运到亚马逊的仓库，卖出的时候由亚马逊进行配送。虽然某种程度上，她在亚马逊上的生意跟易贝上的很相似，但贝丝觉得在亚马逊上需要更少劳动且赚得更多。

虽然仍很拮据，但贝丝能够用自己的事业支撑家庭了。然而，她想要更多的财务自由，而不是仅仅能够支付生活费，没有多少结余。随着时间流逝，她和一位朋友开始合伙做咨询，写书、开课培训如何在亚马逊上卖东西。一年后，这些剩余所得加起来比分居前她和丈夫两个人赚得还多。

贝丝花了几年时间，终于能够完全支撑家庭开支。她告诉我如果她做的决策更好并且能提前做好行动计划的话，也许能花更少的时间。她是这样说的：

我的在线销售开始于销售旺季之前，当时我希望每个月能赚到 1000 美元。那段时间里我的销售额差不多有 50000 美元，但当时我还不太清楚自己在干什么，非常遗憾没有为这样的业务量做好准备。我还做了错误的进货决策（想都没想就买下了单价 100 美元却只能赚 20 美元的货物），借债进货（确信自己能够卖掉然后还清债务，实际上好几个月都没有销售出去），并且让我对我们财务状况的绝望支配自己的决策，而不是让平和管理我的思维和心灵。

2013 年 1 月，鉴于家庭和财务状况，我不得不从头开始我的事业。这次我留了一些存货和投资资金，但最重要的是，我具备了第一次创业时没有的经验和知识。现在，我在 PlayDreamGrow.com 上的经营 98% 都是通过现金。我有信用卡，但是很少用，用的话也会在两个月（或更少的时间）内还清欠款。几个月内，我就赚到了足够的利润，维持我和孩子的生活。因为我的进货决策更好，并且是依靠信念，而不是恐慌。我还是会有几个月收入减少，但是从没耽误过支付账单，孩子也没有少过食物。自那以后我的事业得到了增长。

支出之前增加你的收入

在我提供一些能够让你的事业蒸蒸日上的建议之前，我想先强调一下明智理财的重要性。在第 3 章中，我曾提到，你必须提前确定用于事业的预算。

在你能够承受之前，就通过贷款在生意上投入成千上万美元，从来不是一个好选项。这也是为什么我坚持倡导，在增加开支之前，先增加你的收入。确定自己的事业预算负担得起的时候再进行采购、雇用员工吧。我有一位朋友经营着一家文学代理公司，当她想雇用一名员工时，必定会在预算里准备好一年的薪酬。这让她的财务永远都在掌控之下。

我坚信创业之时要避免债务。要做到这一点意味着你可能需要在开始的时候做出很大的牺牲。你可能没有一台高性能的电脑或一间豪华的办公室。实际上，你可能在自己客厅的牌桌上，用一台勉强能用的电脑开启自己的事业。也许并不理想，但是正如西奥多·罗斯福所说："无论身处何境，倾你所有，尽你所能。"[1]用你所有的资源做你力所能及的事，直到你能提高等级做更好的事。

我丈夫在开办他自己的律师事务所时，甚至没钱给办公室添置新家具，于是他从拍卖会上买了一些二手家具。诚然，这不是一家特别光鲜亮丽的律师事务所，但是在公司赚到足够的钱去买新家具之前，旧家具一样能用。

当我开启在线业务的时候，我甚至付不起上网费。猜猜我是怎么做的？我突发灵感！你记不记得美国在线（AOL）曾通过邮件提供三个月免费的拨号上网服务？我们注册了账号！当试用结束时，我打电话要求注销账号，但 AOL 没有这么做，反而又让我免费使用了三个月。这个过程不断重复——几乎有两年！

当我的事业终于赚到足够的钱能让我付费使用高速网络，那一天真的超级兴奋，到现在我还记得。感觉超梦幻。真的，比起拨号网络它节省了我很多时间。但在最初的两年里，用很慢的网络努力打拼很值，因为那是我当时唯一支付得起的价钱——免费！

人们为了建立事业犯的最大的错误就是给事业投入一大堆钱。现在这样的投资方式有时确实奏效，但是你创业的时候可能并没有那么多钱。这就是为什么你必须保证支出不要超过收入。这应该是财务入门第一课，但令人惊讶的是，许多人都会忘记底线是事业中最重要的东西之一。如果你没有产生收入，那么很快就会沉没。

我天性节俭，因此在商业财务方面，我倾向于极度谨慎。实际上，只有能确信无疑地证明很值得去做，我才会雇用某个人或进行某项投资。也许这看上去过分谨慎，但是这种节俭的心态让我受益良多。我们努力工作才能保持较高的利润空间和较低的成本；当我们增加新支出，我不仅会衡量支出的价值，还会判断需要增加多少收入才能平衡增加的支出。

还记得第4章开头我提到的thinkThin的CEO利赞妮·福赛特吗？1999年，她筹到了足够的资金创建一条小生产线，后来卖给了她的第一个客户——全食超市。她不想借债经营，她说道："如果我想干一件事情却缺少资金，我会找到一种能负担得起的方式去完成。"[2]为了保持较低的成本，她还求助于朋友和家人。但是当事业不断增长，她开始雇用有食品超市工作经验的全职员工。有那么几次，她的财务状况限制了公司的增长潜力，拖慢了增长速度。在她无法负担招聘新的雇员的开支时，利赞妮只能靠提供咨询来填补差额。这并不是她的第一选择，但能帮她完成使命，让她避免债务。我很欣赏利赞妮遵守自己的承诺，用自己的财务智慧实现事业的增长的行为。显然，她也获得了回报。

始终留出一笔钱用于储蓄

有意识地让收入超过支出让我和丈夫总是有一大笔钱可以存进我们的事业储蓄账户。特别是随着事业成长，建立稳定的储蓄账户是明智之举。把它想象成是事业发展的应急基金。如果你有一笔预料之外的支出，或是某个月的收入很少，又或者是你想要为事业做一些投资（比如生产新产品，采购更多的存货，或雇一家咨询公司做一个短期项目），你将有足够的资金让你避免财务崩溃甚或不得不从别处或别人那借钱。

到目前为止，我们很少用储蓄账户的钱来支付日常开支。然而，建立良好的缓冲资金储备以防万一，给我们带来了很大的安慰。同时，我们也能进行再投资，投入新产品的生产，或是进行大规模采购。

扩大收入可能性

要扩大事业，一个最明智的办法是，利用已经具备的东西寻找能带来额外收入的途径。想一下你正在做的或是你想要创立的事业，提供哪些附加服务能够带来额外的收入？举个例子来说，如果你的兼职是修剪草坪，你能同时提供修正树木的服务吗？或是开设课程，教人怎样开创一项成功的修剪草坪的事业？

如果你已经写了一本电子书并且大卖，鉴于你已经知道怎么做，你会帮别人制作和销售电子书吗？或是提供电子书制作和销售培训或咨询服务？

莎拉·梅的电子书《31 天大整理》（*31 Days to Clean*）带给她超过 20000 美元的收入，也证明了她精于电子书销售。她把这些知识和经验写成一本电子书，主题就是"如何成功营销一本电子书"。

戴夫·拉姆齐给他的雇员和朋友每周上一次课，讲解怎样经营成功的事业，并最终把这门课转化成创业领导力的现场实况和一本叫《创业领导力》（*EntreLeadership*）的书。

想办法在你目前提供的产品和服务之外拓展业务。

不要把鸡蛋放在同一个篮子里

在我学到有关剩余收入的知识的同时，我也第一次听到收入多样化这个概念。收入多样化，这个概念意味着建立多种收入来源，而不是把鸡蛋放在一个篮子里，并指望这个篮子成为你唯一的生计来源。

我们意识到收入多样化的美妙是在堪萨斯城，当时杰西失业了。由于我提前花了两年时间试验了在家也能赚钱的方法，我们的财务状况得到缓解。虽然这样的缓解不是很牢靠，但是至少让我们不至于崩溃。

当人们问我如何通过博客赚钱时，我会回答："这是多重收入来源的力量。"大多数时候人们会很惊讶。我的博客每个月都能带来大量的收入，但是这些收入来自几十个公司的几十种不同的支票和电汇。支票的金额千差万别，但每一张都如细水长流，变成稳定的收入流，让我能支付薪水给我的团队，支付业务费用，投资商业项目，为我们信赖的事业作贡献，还有额外的余留作为个人收入和储蓄。

写博客，就像大部分的事业一样，也有潮起潮落。某些事情在一年中的某些时候会进行得很顺利，在另一些时候则并不太好。如果我仅仅依赖边栏广告、产品销售、演讲，或是会员计划，作为我唯一的收入来源，金额将会少很多。但是因为我有很多适当的利润收入渠道，潮起潮落互相平衡，因此收入能比较稳定。

不断寻找方法让你的收入多样化是非常重要的。2013 年发生的一件事再次提醒了我收入多样化的重要性。经过几年的努力，博客和广告成为 MoneySavingMom.com 最主要的收入来源。我跟很多不同的企业有合作，因此我觉得自己的收入来源已经够多样化了。但是，就在我们决定移居田纳西州的几个月前，堪萨斯毫无征兆地修改了针对会员制项目的法律。我们正在和几个较大的企业进行合作，并且每个月都能从中赚到一笔可观的收入，但是因为这些新法规，我们无法继续合作下去了。

这一切发生在很短的时间内，就在圣诞节前夕——我们一年中赚得最多的时候。在这个最有利可图的节日，失去了这些企业带来的潜在销量，让我们损失了好几千美元。这就是为什么关注收入多样化这么重要。你永远不知道什么时候某个收入来源会因为某些变化而不能再带来大的利润。

如果你实现了多重赚钱构想，很容易就会自满。当然，如果一切进展顺利，就不要放弃；但是同样不要落入窠臼。不断挑战自己，寻找改善、拓展的新渠道，这样会让你的时间投资回报最大化。

问问你的朋友，看他们能不能提供建议，帮助你增加额外的收入来源。关注顾客的需求。观察其他成功人士正在做什么。跳出常规，尝试新事物。

扩充你的团队

当你刚开始创业的时候，不论是销售珠宝、开设音乐培训课、清理房屋还是提供平面设计服务，不要立马考虑雇用人员。

我总是鼓励初露头角的企业家学习与自己事业相关的每一部分知识。比如，你可能并不是个科技通，但是你要掌握网站的基本知识（如果你有网站的话），如怎样增加流量，怎样定期更新。当然，让别人帮你做可能更容易，也节省时间，但这笔额外的支出可能会超出你的预算。不仅如此，如果你自己都不知道具体的工作怎样才能做好，你又如何知道雇用的人做得是不是正确？

当我第一本书出版的时候，我几乎一个人负责了出版的全过程。那时我只有一个很小的团队，在图书发售方面也还是新手。我觉得自己处理事情，弄明白哪些做法有用、哪些没用，这样才是最好的。我花无数时间研究、发送、回复了数千封邮件，而我的投入最终带来了回报。我自己真的学到了很多，到第二次发布新书时，我已经扎实地掌握了实现新书发布的有效策略和指南，知道哪些任务我可以自己完美处理，哪些则可以派给他人。

MoneySavingMom.com 是团队努力的成果，这一点并不是秘密。现在，有十六个人在为这项事业工作，所有人都是从全国各地虚拟雇用来的。但是，头几年的时候，只有我一个人。

创立 MoneySavingMom.com 一年半后我才雇用了第一位员工，也就是团队的第二名成员。当时我想把博客从 Typepad 移到 WordPress，需要具有更专业的科技知识的人帮我完成。对于怎样修复和调整网页我具备一些基础知识，但是要把上千条评论和文章从一个地方移到另一个地方，真的超出了我的知识范围。我需要帮助，但是对于像我这样节俭的人来说，雇用别人感觉像是一种铺张浪费。另外，作为一个已在尽力克制的控制狂，仍然难以想象让渡部分控制权给别人。

我能抛开这些想法，最终决定从 FiveJsDesign.com 雇用乔伊，真的太可喜了。在她身上花的每一分钱都是超值的。为什么呢？不仅因为她在十五分钟内完成了我四小时才能完成的事务，而且把平面设计和技术类问题交给她后，我能从中解脱出来，有更多的时间去关注只有我能做的事情了。

第一次雇用的成功经历激励我又招了几个人进入团队，之后又招了几个人。几年后我醒悟过来，我已经不再是一个个人博主了。我把一个构想变成了一家真实的公司，有一个由各种神奇的人组成的真正的团队。我非常感谢 MoneySavingMom. com 团队的每一个人。如果没有他们朝着愿景和目标发挥专长、努力投入和奉献自我，我做不到自己现在所做的一切。

如果你已经能够负担得起额外的劳动力了，那么在招聘员工时不妨注意下面这些要点：

- 招聘信息中有详细的工作职责描述。列出职位需要的每一条责任。
- 对雇用达到的效果要有第一手知识，这样你才能够很好地衡量他的表现。
- 从小处开始。在尝试雇用全职人员之前，先雇用兼职人员，每周几个小时。
- 慢慢来。给你的雇员或合同工一个短期项目，这样你就能通过小事来评价他的工作了。
- 观察这个人回应你要求的速度，对于建设性的批评他又是怎么处理的，以及你们在一起工作是否愉快。
- 关注雇员的个性。（这个人万事追求尽善尽美吗？）
- 确保你把成功的愿景清晰地传递给你的雇员。同他们分享目标和进步。

我竭尽全力寻找正确的人来担任团队中的不同职位，因为我知道作为一个团队，拥有团结精神和凝聚力是多么重要。事实上，有些职位我等了一年才填补上空缺，因为一直找不到合适的人。我宁愿慢慢来，观察候选人的个性，用些小项目来测试，确保这个人是最合适的。换句话讲：宁缺毋滥。

个人成长

通过阅读乔恩·阿卡夫的博客，我知道了 2012 年，戴夫·拉姆齐，这位财务专家和多本《纽约时报》畅销书——包括大受赞誉的《财务和平》（*Financial Peace*）的作者，在庆祝从事广播事业二十周年。鉴于广播界职业生涯残酷、保质期又短，这绝对是一个大事件。乔恩·阿卡夫这样写道：

> 在问答环节，人们问了戴夫一个问题。他们问："哪一个瞬间让你觉得自己已经到达了人生巅峰？"
>
> 戴夫的回答震惊了众人。他毫不迟疑地说："我们还没有到达。我们还要更加努力，还有更多的工作等着我们去做。"[3]

戴夫·拉姆齐经营着一家数百人的公司，他通过广播节目、书、网站以及每周的培训鼓舞了数百万人。但是，显然他并不觉得自己已经到达了人生巅峰。

对我们来说，这是值得学习的。我们永远都不应该自满。

这个世界上总是有更多的东西需要我们学习，更多的方法需要我们改进，更多的途径让我们拓展视野，更多的方式让我们成长。

如果你想发展自己的事业，你需要实现个人成长。成功的领导者从来不会满足现状。下面这些方法可以用来保持成长：

阅读。挑战自己，至少每个月读一本商业类或领导力方面的新书，它们可以是成功创业者自己写的，也可以是有关这些成功创业者的事迹（比如 S·特鲁特·凯西，戴维·格林，约珥·曼毕，以及山姆·沃尔顿）。读书能帮你培养作为企业家的坚强品格，激励你不断追寻新的想法。我推荐《最成功的人周末都干些什么》（*What the Most Successful People Do on the Weekend*）《发展你内心的领导才能》（*Developing the Leader Within You*）《成为一个有影响力的人》（*Becoming a Person of Influence*）。想要更多建议请查看本书后的资源部分。

另外，我建议你订阅一份杂志，比如 *Inc.* 或《快公司》（*Fast Company*），关注一些博客，如 *Michael Hyatt* 和 *Chris LoCurto*，还可以收听一些播客，比如创业领导力（*EntreLeadership*）或辉煌的创业妈妈（*Brilliant Business Moms*）。在 BrilliantBusinessMoms.com 上，莎拉和贝丝·安妮采访了企业家妈妈们，她们获得了各种事业的成功，但是仍然期望达到工作与生活的健康平衡。

找到一位导师。我坚信人们应该找到人生的导师。我很幸运有我的丈夫和两名经理作为自己的导师。遇到棘手或复杂的问题，我通常会向杰西寻求意见。当我在考虑新的想法，尝试新的事物时，他也是我的共鸣箱。我的经理人布莱恩和乔伊，在过去的两年间已经成为团队（也是我的生活）中不可思议的新成员。我很荣幸有他们在，他们不仅帮我塑造了事业的未来，也改变了我的生活。乔伊和布莱恩建议我挑战更大的梦想，走出我的舒适区，去做艰难的事，去面对那些我想逃避的情况，明智地处理冲突，他们鼓励我去经历人生中的多个领域、努力应对性格缺陷。他们不仅在我偏离轨道时质问我难以回答的问题，帮我回归正轨，还总是帮我庆祝生命中的成功。我将永远感激生命中的这三位好导师！

让自己置身于直言之人中。 过去几年中，我胆战心惊地看着许多备受瞩目的领导者遭受了他们生命中毁灭性的打击——由于外遇而婚姻失败，或由于资金管理不善而事业失败。当我不断深入去了解他们的情况，我发现几乎每一个案例中这些人身边都包围着永远只说"是"的男人女人们——这些人极度崇拜领导，不论领导有什么新想法、新愿望，他们永远都说"是"，即使这些想法和愿望并不明智，甚至威胁到他们的道德导向和财务状况。这些使领导者产生了不健康的自我认识，进而导致他们做出破坏性或不明智的行为。

当我看到这些悲剧发生，我更加坚信生命中有一些敢于说真话的人是多么重要。这些人毫无顾忌地对你说出真相。你可以对他们坦白自己的想法和正在经受的挣扎，不管是私事还是公事。同时，这些人爱你原本的样子，也希望你成为最好的自己，当你生活中发生了伟大的事情，他们将是你最热情的啦啦队长。

聘请一位教练。如果能负担得起，那就请一位短期教练，在你正设法取得进步的领域给予你训练。在我写作上一本书和这本书的时候，我聘请了一位专长写提案的作者，她同时也是一位影子编辑。她让我的写作旅程与众不同，帮我思考、加工、计划，以及以更有组织、更有效的方式写作。我还在许多演讲中和一位演讲教练合作。她教会了我怎样明智地理解说话的艺术和技巧，并且帮我节省了很多准备演讲的时间。

参加会议、研讨会和其他活动。通过会议建立起来的联系和关系，以及其他个人或商业拓展的活动都成为极其重要的助力，把我塑造成一位博主和一位企业家。如果你有机会参加写作、演讲、营销、博客、社交媒体或商务会议，那就去！并且带着热情去！用每一分钟去建立联系，去学习。向遇见的每一个人请教问题。和演讲人交流，向他咨询。做笔记。制订行动计划，然后回家执行！

实现个人成长会带给你前所未有的机会。我喜欢从詹妮那收到邮件。一年前她被裁员，她将生活的改变视为打开了一扇门，从中更多地了解自己，追求理想。失业后一年，她完成了健康培训课程，正在努力建立自己的事业。她还建立了自己的博客。她写道："我现在觉得很成功——即使我还没有等来第一位付费客户——因为我知道我正朝着正确的方向努力。这一年我获得了巨大的成长，感觉真的太棒了！"

专注于你正在取得的进步

不用因为自己的事业没有别人的发展迅速而沮丧，记住，进步只需要和自己比较。重新将精力集中于正在取得的进步中。总会有另一位企业主在一些领域做得更好，但是不要让这影响你。专注于为达目标而正取得的进步，即使这种进步看起来非常慢、非常小，你也要从中受到鼓舞。

虽然制定标准来衡量你的利润和增长边际很重要，但你也必须将视线锁定在学到的经验和培养的品格上，而不是放在为什么远没达到预想的目标上。你不可能每次都打出本垒打，但是如果能在起伏中不断地学习和进步，你就走在正确的方向上了。

不要放弃！坚持总会有回报，不过不总是按照我们预想的方式罢了。有时候，努力工作和坚持带来的意外收益甚至会让我们宏大的梦想和野心失色。

租期到了

我最近一次去旅行的时候，一边打包一边收听让我上瘾的新播客：创业领导力（现在我明白为什么我丈夫不停地推荐我听这个播客了！）。

克里斯·罗克托采访了《纽约时报》畅销书《迈向成功的 7 个步骤》（*Take the Stairs*）的作者罗里·瓦登，他们谈到拖延症。

老实说，我记不清所有的内容了，因为我被瓦登的一句话吸引住了：

> 成功从来不曾被拥有；它是你租来的，并且第二天就会到期。[4]

多么有力的申明。暂停，思考一下。

很多人经常认为一旦我们达到某种程度的成功，我们就获得了它，比如终于赚到六位数的薪水，终于有足够的雇员为我们干活而解放了自己，或是有《企业家》杂志打电话让谈谈自己的成功故事。但是说实话，没有人也没有企业能够真正"抵达"成功的时刻。

想想当一个资产达数百万美元的公司的 CEO 停止付租金会发生什么？当他退房出来，开始做愚蠢的决策，或是毫无顾忌地乱花钱，不管这家公司有多成功，都终将倾覆。过去十年中，我们见过无数的例证。

如果一位有天赋的棒球选手不再锻炼，随心所欲地吃，从不参加训练，他的职业生涯也就完结了。

如果一位粉丝巨多、享有盛誉的博主停止写博客，不再回复邮件，也不再在脸谱网上发布文章，仅仅是从地球表面"消失"那么一小会儿，人们就会停止访问这个博客。

生命中的任何事，如果你想要成功，都必须愿意为之投入资金。如果你想要自己的事业不断成长，取得财务利润或其他收益，你就要努力工作，不屈不挠，坚持下去，即使有些时候你宁愿做些别的事。

自满是杀手。个人或事业成长的停滞会抑制你进步，让你无法做得更大、更好。

布里奇特就遇到了这样的问题。作为一个在家教育孩子的妈妈，她教授声乐和小提琴课程。刚创业时，她非常谨慎，尽量不承担过多的工作，只招收一定数量的学生来保持灵活的日程表。于是进展得非常顺利！保持现实的期望，维持健康的工作与生活间的平衡，这很明智。

然而，随着时间流逝，她安于长期教授那些学生，不再登出广告，只靠口耳相传。最近，半数学生都去上大学了，她的事业规模剧减。她写道：

> 我必须重新开始，去做宣传推广。同时，我的家庭必须勒紧裤腰带，如果我重视广告，可能就避免了这一问题。

要学会在健康的个人生活和健康的事业成长之间找到平衡。更重要的是，不要过于自满而停止成长，否则终将面对意料之外的现实。随着事业成长或时间流逝，持续评估你的事业。四季变换，财务状况也会变化，责任也会改变。不管生活状况如何，都要确保一直支付租金。

并且，记住：

- 除非你接近顾客，否则顾客不会自己跑上门乞求你的产品。
- 除非你自我推广，否则不会收到需要你服务的邮件。
- 如果你沉睡不醒，跟不上人们的脚步，犯错误，违背承诺，那么你的事业将不会成长。

　　每一天你都有机会支付通往成功（现在和将来）的租金。你可以选择朝着正确的方向小步踏进——去参加社交活动而不是去买鞋子，写博客而不是看无脑的电视真人秀，学习新的营销观念而不是漫无目的地刷脸谱网，去接受培训而不是抱怨。

　　选择权在你手上。为了支付未来成功的租金，你今天做了什么？

7 路途中的障碍

不要惧怕尝试新事物。记住：门外汉造出了方舟；专家造出了泰坦尼克号。

——佚名

拼趣在我开始写博客时还未创建，我很感激这一点。如果当时就有了拼趣，我很怀疑自己还会实践做博客的构思，我可能会被其他更有意思、更有经验的博主们吓退，觉得自己不够资格。

现在我还会有不安的时候。就在几周前，我接受了一个播客的采访，播主问我："克丽丝特尔，在你创业初期，有没有想要退出的瞬间？"我笑着回答道："呃，我到现在还经常想要退出！"

实际上，就在这周，我还告诉丈夫："我想退出。"是的，我真的说过这样的话。

　　我说这些不是为了吓唬你，而是想让你知道，当你努力工作却没有回报时，你会感觉手足无措，想要认输，越来越沮丧。并且，即使你取得一定程度的成功，这些感觉也不一定会消失。

　　你买这本书是为了改善自己的财务状况。也许你是想摆脱债务，也许是想还清助学贷款，也许是为了攒钱度假。也许只是需要钱维持生计，支付最基本的花销，比如食物、房租。

　　现在，你读了这么多有关各种女性成功达成自己目标的故事，这也鼓舞和激励你去追求获得成功的各种可能性。

　　但是，即使你很乐观，相信有一天能够达到财务自由，内心一隅却仍会有一丝犹疑。

　　不确定。

　　恐惧。

　　不安。

　　你可能怀疑自己是否具备创业成功的能力。对失败的恐惧让你裹足不前，无法投入或继续执行你的目标，坚持已经规划好的行动步骤。

　　本章我会讲一讲这些让你无法行动的因素。如果你觉得没有时间赚到所需的钱，或是想知道怎样才能既对工作或事业尽职尽责，同时又能平衡自己的需求和家庭的需求，那么这一章你一定要看看。我还会讲到那些可能会飙升的不安全感，以及头脑中不断否定你的计划、说服你放弃的声音。

管好你的时间、生活和工作

珍妮弗每周在外面工作三天。在休息日，她要忙于另外三项副业。这并不容易，需要投入很多时间，也就限制了她和家人在一起的时间。随着时间流逝，珍妮弗觉得越来越疲惫。虽然有额外的收入很重要，但她慢慢意识到，做一个健康理智的妈妈和妻子更重要。如果她无法平衡自己的梦想和家庭生活，有些东西一定会崩溃——比如她的精神。并且，如果她神志崩溃，没有人会得到幸福。

不管你是想通过做保姆、开本地寄售商店、帮公司做账还是在易贝上卖手工艺品来赚钱，你都必须要清楚自己能够在创业中实际投入多少时间。而这当然会随着你所处情境的变化而变化。

如果你是单亲妈妈或是家中唯一的经济来源，那么你可能没有选择的余地，只能把它当成全职工作。如果你的孩子已经上学，你可能就有更多的时间。如果你有年幼的孩子在家，时间就会受限。尽你所能去做。挤出可能的时间。我会给你一些时间管理的建议，但是我想先谈谈健康的工作与生活和家庭平衡的重要性。

在我开始尝试写博客时，我同时在和其他的在线企业家建立关系。其中有一位恰巧和家人一起出版在全国发行的在家教育杂志。他们说想要找一个人来做兼职，帮他们营销推广。我进一步询问了信息，发现这个职位要做的就是研究和联系其他公司，创造交叉推广的机会。我很确信自己能够胜任，而且每天只需工作两个小时，于是我应聘并被录用了。

工作很乏味，而且经常走进死胡同。但在工作过程中，我学到了很多，比如做产品推介和营销的方法。最起码，付出的时间是有回报的！

这份兼职上做几个月后，这家公司给了我一个更固定的职位，让我负责一些促销活动，或者提一些营销创意。我很荣幸也很兴奋有这样的机会，但是我没有停下来考虑这份工作将如何影响我已经满满当当的日程计划。

当时，我丈夫还在法学院读书，并且同时做着兼职。另外，我们家只有一辆车，住在一个陌生的小镇上，大部分时候，我都是一个人在家带年幼的女儿凯瑟琳。我们家需要钱，这份工作帮助我度过在家的时间。而且，我也很喜欢它带来的挑战！

我全心全意地努力工作。公司为此提升我做了营销经理作为表彰，并且让我兼任一个广告销售团队的管理职位。我没多想，接受了这两个机会。我爱我正在做的工作，钱则是巨大的恩赐。并且，当杰西在法学院学习或去工作时，这份工作也让我能够投入自己的时间和精力。回头再看，我应该在接受更多工作之前仔细考虑，特别是带孩子的同时又要经营自己的在线事业，我的战线已经拉得太长了。

我全身心地投入到新的职位中去。我阅读了关于营销的有意思的书。我观察别的公司，分析他们的有效经营策略。另外，我还开始试验不同的方法，想要找出哪些方法对促进公司业务增长更有效。

我很欣喜地看到自己的努力获得了回报。杂志的销量上升了，我的团队带来了很多广告销售，并且我还协助领导了多个营销活动。我热爱工作中的每一分钟。只有一个问题：我为这家杂志公司以及我自己的博客和在线事业付出了大量的努力，于是我发现自己总是在工作。

我很快就精疲力竭。大部分晚上进展都很顺利，我祈祷女儿能早点入睡好让我不被打扰。我甚至要偶尔加班。这些额外的工作时间确实对我产生了影响。看看那时候的照片，不敢相信自己看上去是那么缺乏睡眠和压力巨大。我累到无力微笑。

好消息是，我在家做的工作加上我丈夫的兼职收入，让我能够在家带女儿。我们不仅能够摆脱债务，且婚后第一次在预算中有了喘息的空间。这真是好事！不过，我实在没有办法继续这种没有休息时间的不切实际的步伐。

当我丈夫结束法学院最后一周的课程，我们觉得我是时候从这家杂志公司离职，专注于家庭、家人和自己的事业了。这段时间我学到了很多，我很感激这样的经历。一项确定的好处是感觉像得了一个市场营销学的学士学位，我还知道了自己的很多缺点。我发现一周工作六七十小时并不在我的"遗愿清单"上，不论薪酬多么诱人！

直到现在，还有一些日子我的工作与生活和家庭的平衡会不正常。有时候我花太多的时间工作，而没有时间去享受生活。我有时需要花费比预期更长的时间去完成一个项目，于是并不

总是能给予家人们应得的关注。脏衣服常常积攒一堆。但是当
我成功完成工作，看到自己取得的进步，我会很受鼓舞。今日
更胜以往，我感到更健康，我能够为孩子花更多的时间，并且
为婚姻和朋友付出更多。

如果不设限，事业会掌管你的生活。你需要考虑必须投入
多少时间。每天两到三个小时？还是每周十、二十、四十小时？
花多少时间投入工作才不会耗尽生活的精力、破坏人际关系、
降低幸福感？

在前面的章节中我曾提到贝丝。作为一位在家教育孩子的
单身妈妈，她面临的一个难题是找到工作专用时间。她说：

> 孩子们总是在家和我在一起，所以我工作时常被打断。
> 也许对于单身妈妈来说真的很难，因为没有其他人能够倾
> 听孩子，花时间和孩子在一起。有时我不得不让女儿走开
> 以便我能工作，对此我很内疚。而她有时并不能理解，因
> 为我就坐在客厅里，所以应该能和她交谈，或是看看她最
> 新的涂鸦。有时我必须付出比平时更多的时间在事业上（比
> 如假日销售季）。我的收入支撑着整个家，因此我没得选，
> 只能工作。能够在家工作，还能在家教育孩子已经是一种
> 恩赐，但在某种程度上也更难，因为工作和家庭生活无法
> 分离。

寻找工作和生活的平衡，特别是当你在家经营一项事业的

时候，真的是一项挑战。并且这项挑战需要不断被重估、调整，不断从新的视角去审视。用当时有效的方式，并要认识到变化是永恒的。最重要的是，珍惜对你而言最重要的东西。

虽然我很喜欢脸谱网上的社区，在推特上遇见过很了不起的人，也喜欢和照片墙上的人互动，但我并不是规则追随者。我不想被绑在博客和社交媒体的时间表上，尽管很多"专家"都说这样能持续地拉来生意。如果我用大部分的时间去不停地刷屏，去喂养社交媒体巨兽，我将没有生活，仅留下一个约束生活的博客。我想让我的博客成为家庭的幸事，而不是负担；是生活的流露，而不是全部。

要尽可能找到为获得财务自由必需的时间投入和维持健康的个人生活之间健康的平衡点。要明智。知道自己有多少时间可以付出，为时间设限，尽最大的努力按照轻重缓急管理好这些时间。

时间管理的窍门

在我写的《告别生存模式》一书中，我详细介绍了时间管理。虽然这里我不会重复这些内容，但我还是会给你提供一些有价值的小窍门，告诉你怎样让时间为你服务，而不是相反。

当你在家创业，开一家本地商店，或是创建一条产品线在网上销售，你都要面对一项挑战，就是在工作和照顾好家庭及履行日常责任间找到健康的平衡点。我假定，你跟我一样，想避免被每周六七十个小时的工作耗尽精力。下面这些原则将有助于引导你充分利用时间。

为时间设置参数。基于你每天的工作时间，把它们分成小段。比如，几个月前，我每天使用电脑的时间就被分割成下面这几大块：

- 实质性写作 45 分钟
- 发布时效性强的交易信息 1 小时 30 分钟
- 发邮件 30 分钟
- 刷脸谱网和推特 15 分钟
- 写作项目 15 分钟
- 其他项目 45 分钟——下在线订单，阅读博客文章及其他

季节变化，业务也会变化，并且市场一直在发展，我尽最大的努力去灵活适应。这也意味着我没有一个固定不变的日常时间表。这只是作为一个季度的松散指导。当出现变化，我就会随之修改我的时间表和时间参数。

比如，最近我花了很多精力来增加脸谱网的互动和通过脸谱网发布的链接而来的流量。因为这个原因，我在脸谱网相关的活动上花费了更多的时间（寻找可以分享的文章，设置我离线时自动发布的文章，回复脸谱网上的评论，等等），于是在发布交易信息上花的时间就少了（我培训了一位团队成员帮我

每天草拟一些交易信息，好让我有时间去关注其他事情）。有计划，也能变通，让计划具有适应性，这将有助于你成为更成功的企业家。

另外，如果你在家工作，一定要有固定的工作时间。当按照计划要工作时，就去工作。不要管门铃声，除非是紧急情况。把所有非业务相关的电话留给语音信箱。也不要茫然地刷网页，或是觉得踢脚板需要进行深度清理，又或是回复邮箱里的每一封邮件（特别是有些既不紧急，也不重要）。专注于工作时间内最重要的工作重点。

掌控社交媒体。推特、脸谱网和 Skype 网络电话让我们能够每天和几十甚至成百上千的人交流或在网上互动。如果明智使用，社交媒体能够成为帮助你的博客和事业成长的工具，扩大用户范围。反之，如果控制不好，社交媒体会吞噬掉大量时间。

我真的在这个事情上挣扎了很久。作为一个在家工作、在家教育小孩的妈妈，我发现社交媒体具有很大的诱惑。而我也不够自律来戒掉它们。我不时想要查看 Skype 上有什么讨论正在进行，或是查看推特有没有漏掉的信息，又或是滚动脸谱网上无休止的回复，看别的博主和朋友们都在干什么。

利用社交媒体让你的事业更上一层楼，投资于免费的广告机会，但是不要让它们掌控你的生活。

学会拒绝。作为女性，我们经常不敢说"不"。我们害怕可能会错过一些大机会，担心别人会怎么看待自己。这些我都知道，因为我就常常处于这样的境地。

我想鼓励你（也鼓励我自己！）要毫无负担地说"不"。如果一个机会需要的时间你不具备，或是强迫你让你感到不舒服，又或是并不适合你、你的家庭、你的事业或你的博客，那么请说"不"。关注那些最好的事情，它们才值得你说"是"。

对失败的恐惧

受人爱戴的著名棒球选手及教练约翰·伍登说过："失败并不可怕，但墨守成规却可能是致命的。"[1]我很喜欢这话。我发现，阻止我们许多人尝试新鲜或不同事物的就是对失败的恐惧，即使这些尝试也许能改变生活。

我们带着希望和热情出发，但是久而久之，激情的湍流慢慢变成恐惧和失望的水滴。也许你无法留住那位大客户；也许你建立的网站或博客没有预想的那么具有开创性；也许你发现自己花多年时间创造和调整的产品有一个缺陷；也许你发现自己前所未有地努力，但获得的收益却微不足道。

人都会遭遇失败。有时很小，有时很大，大到想要彻底关停公司，放弃构思。某种程度的失败是不可避免的，那么重要的问题就变成："失败之后呢？"

谢莉承认当她步入婚姻的时候，她和丈夫都不是明智的财务管理者。两人都没有学习过怎样有效地管理金钱，因此，他们没用多久就发现债务已经堆积如山了。当他们第一个孩子出生后，掌控财务就成了优先考虑的事。虽然谢莉想要做全职妈妈，但是她也想为偿还债务作份贡献。为她的高中和大学校报以及当地的一些杂志写过几篇文章后，她认识到自己可以靠空闲时间写作赚些额外收入。但自那之后十一年过去了，谢莉并没有靠写作赚到多少钱。

她写道：

> 很难找到合适的写作机会。提供工作的网站很多，但很多都是徒劳无益，或是数小时的工作仅仅值几块钱。我写过很多文章和推介文，却没有拿到一分钱。我有一个赚不到一分钱的博客。我被写作的信息搞得手足无措。我读过一些写作和写博客的书，但是很难把时间和精力投入到一项可能赚不到钱的事业中去。并且，市场上泛滥着那么多大作家。

谢莉很恼火，她想知道自己应该放弃梦想还是坚持尝试。我知道谢莉不是一个人。也许会有那么一天，你所有为了家庭的额外收入而付出的努力都会付诸东流。对此，你要怎么做呢？

在你决定放弃事业之前，下面这些想法你要考虑清楚：

- **给自己放个假。**有时候我们觉得自己需要退出，其实仅仅是累了。当博主们来告诉我他们要关闭自己的网站时，我会鼓励他们先试试给自己放两到四周的假。远离事业一段时间通常会让你头脑更清晰，这一点是你平常忙于经营业务时所不能的。

- **重新审视、评估你的商业行动计划和过程**。调整、修订、重新考虑你的步骤。也许让你深陷泥沼的就是糟糕的程序和计划。

- **确定是不是有某个特定问题阻碍了你的成功**？是不是缺乏实践？价格过高？糟糕的客户基础？从专家那获得建议，阅读相关书籍，研究解决之道。

- **与你信任、尊重的密友、同事交谈**。向他们咨询，他们也许有你所需要的正确视角。

如果你已经做到所有这些，而仍然觉得退出才是正确的，那么你就退出吧。记住，并不是每个事业都能击出全垒打。就像我的婚礼业务，有些构思不过是很大的学习机会或是更好的事业的垫脚石。如果你关停了公司，不要因为这样的经历就把自己定义为失败。相反，用这一经历塑造并帮助自己继续成长。

有时候，失败是寻找成功之路的通道。洁米和她丈夫结婚的头一年，他们决心让财务状况步入正轨。经过集思广益，她想起一位家庭成员有一家人像摄影公司，每个季度能进账数千美元。她丈夫爱好摄影，特别是风景摄影，于是她坚持让他考虑一下人像摄影。虽然很勉强，但他还是同意了。

结果是场灾难。虽然他是一位很有天赋的摄影师，但是经济形势不好，市场无法接受他的定价，而他需要这个价格带来利润。此外，编辑照片比想象中麻烦得多。他们每周要花四十到八十个小时修饰照片，而且还没有客户购买任何东西。

虽然这项事业彻底失败了，但好消息是：洁米的丈夫认识到了他真正的爱好和激情所在——拍摄自然风景照——并且开始追梦之旅。他重新对爱好充满了激情。而洁米，这位企业家，采取行动开始了她梦想多年的写作和演讲事业。现在，十四年过去了，洁米的事业欣欣向荣。她和她丈夫都实现了梦想！

我推荐这对夫妇是因为他们为了创造宽松的财务空间，跨入了未知领域，并真的做成了一些事。当然，最初的想法可能不尽如人意，但为他们最终想出有用的点子铺平了道路。

有时候，失败是寻找商机的通道。德科塔发现这是真理。她写道：

> 在我女儿还小的时候，我尝试做过虚拟助理，从我当时的经验来看，这是一个很难进入的领域。除非你有特殊的技能，仅能提供基础的文书服务很难找到客户！经过许多其他工作的磨炼，比如医疗录写员、簿记和其他很多职位，我终于被录用了。我现在的工作是制作珠宝，我很喜欢这项工作，它带来了足够的收入，于是我丈夫能够离职在家做一名全职爸爸。

仅仅是恐惧

想象失败的可能性只是困扰我们的恐惧中的一种，这些恐惧把我们困住，阻碍我们达到或试着去达到目标。

我知道恐惧的威力。我的一生都在抵抗恐惧。我担心别人的看法。我思虑最坏的情形。我害怕未知、已知和不确定性。在创业过程中，我在恐惧上浪费了许多时间和精力。

前几年，我有幸遇见一些人，他们挑战我，让我不再活在恐惧里，而是活在信念里。恐惧麻痹的，信念使其解脱。直面并猛击恐惧是一场漫长的拉锯战，也不能一次见效（我非常希望这是一件简单的事！），我必须一遍又一遍地振作去面对恐惧的怪兽。

但是每一次我踏出舒适区域，面对恐惧，都会收获颇丰。这些点点滴滴的回报完全值得我去面对恐惧。

踏出安全区域吓到你了吗？那么，就踏出一小步吧。然后再一小步。不管你做什么，只要别原地不动。

对我有用的一个办法是，问问自己："最坏能坏到哪去？"如果你这样自问，大部分情况只有两种"最糟糕的场景"：（1）你失败了——这并不必然是件坏事，就像我们前面讨论过的；或者（2）你觉得自己不喜欢这件事。这样的话，下次你还有数百万种其他机会可以尝试。

我很喜欢迈克尔·海厄特的这句话："真正重要的事都发生在你的舒适区域之外。"[2] 我自己的生活验证了这句话。如果我只待在自己的安全区域中，将会错过许多令人惊叹的历程、关系和机会。

确实，安全区域外让人惊恐，但是如果你愿意冒险，我敢保证你最终会发现这真的很值。而且，我发现，当你开始推动自己跨出舒适区，舒适区也会移动。以前令你生畏的事情现在则给你带来兴奋和鼓舞。并且，当你跨出舒适区，不管发生什么，都肯定比你一成不变要更鼓舞人心。

当有人阻碍你

不论你是考虑和直销公司合作销售化妆品，或是自己做有偿清洁服务，还是向当地企业提供咨询，你可能都会面对质疑你的人，其中甚至有你的至亲密友。他们可能会说：

- "你为什么不能做一份常规的工作呢？"
- "我知道有那么多人试过，却没有成功。"
- "这就是你能想到的最好的主意？"

在你的生活中，有人充满智慧和经验，总能给你提供合适的意见。但就本段而言，我不是在谈论这些人。你当然应该考虑和吸收来自有识之士的知识。可是，如果你的商业构思或商业计划遭到消极者毫无根据的反对，那你一定不要让这些负面反应打倒你。你无法控制别人对你的评价，但是你能控制这些评价对你的影响。

永远都会有人不认同你，批评你生活中做出的选择，或是仅仅为了反对而反对。这就是生活。可以肯定的是，最凄惨的生活就是试图取悦每个人。让每个人都满意是不可能的，光尝试就会让人筋疲力尽。

不要让别人的反对成为你的障碍。尽量机智地远离负面的人和状况。当避无可避，那么就在你和负面的人之间竖起无形的盾牌，忽略他们毫无根据的攻击。

另外，不要用更大的否定回应否定。这只会火上浇油。要么根本不回应，要么用真正的爱和善意来回应。

你能提供什么？（很多！）

去年，我和丈夫参加了一次会议，见到了一些不可思议的思想家和实干家。演讲者和与会者的经验和背景带来了大量共同智慧。整个会上我不断收集新的信息，感觉思维都要爆炸了。

但你知道整个会议中最令我难忘的一件事是什么吗？不是知识，不是引人注目的个人简历，也不是惊人的成就；而是这么多令人惊叹的富有天赋的人，却挣扎于不安中。

实际上，会上最有才华的两个人都跟我透露，他们觉得自己与周遭格格不入。

我完全能理解，因为我也是这么觉得的。每一次餐会或圆桌会议，我都会遇到那些在生活中取得无数成就的人，这时候我只想深深地陷进自己的椅子里。

在问答讨论环节，不知是什么让我着了魔，我竟然举起手想要分享一些事。但当他们把麦克风拿给我，我简直吓呆了。就在那一瞬间，恐惧占据了我的大脑：我到底为什么举手？我真的觉得我有值得拿来讨论的东西吗？我真希望就在那时那地，地板能够把我整个吞了。

我总算设法磕磕绊绊地说了些，交还了话筒，坐下，巨大的挫败感涌上心头。很多想法浮现脑海：我甚至无法站起来成功说出 4 句话，为什么我还要参加一个关于启动演讲业务的会议呢？有数百万人演讲得比我好一千倍，为什么我还要接受那些演讲机会呢？

不过，我心里知道自己无须就此沉浸于不安中。诚然，我有很多不足之处和缺点需要去琢磨，但是专注于这些不足对我毫无益处。我必须抛开这些感情锁链，专注于积极的一面，比如我足够好，以及我生来是有意义的。

你知道吗？你也足够好。而且，你生来是有意义的。

你也许认识一些人，他们的创业在短时间内就取得了巨大成就，或者有些人的博客在发布第一次博文之后就火了，又或是有些人的商业构思在头两年内就帮他们赚了几十万美元。

如果你没有成就这样的故事，那是因为你有自己的故事要书写。而且你的故事也会足够好。你的价值并不是基于你有多成功或多聪明，也不是基于你两个月内能还清多少债务，更不是基于你发展博客和事业的速度。你有自己独特的视角、经验和感悟，可以祝福和影响他人，而有着另外的故事的人则可能做不到这一点。

　　是的，这很重要，我强烈鼓励你不断挑战自己去成长，强化你的弱项，尽可能多地学习、应用。但是，并不必多么完美，不必用完美的行动计划构建完美的商业构思，用完美的方法执行，带来完美的大量收入，改变生活。

　　本书剩下的章节将会用来探讨赚钱的多重目的。对，赚钱有很多种目的。这和视角有关。但在你深入阅读前，先休息一下。暂停，深呼吸。让下面的话浸入你的大脑：

　　我足够好。我生来是有意义的。

　　除了相信有可能性和机会等着你和你所爱之人去改变财务状况，我还想要你发掘被赋予的天赋，真正相信自己生而有大意义。我希望你充分体会自己能造成多大的影响，甚至是在你建立自己的财务未来的时候。

8 慷慨生活

> 就算只有我一个，至少也能顶一个。我力有未逮，但
> 也能做力所能及之事。我不会让做不来的事干扰我。
>
> ——艾德华·艾弗雷特·海尔

三年前，米丝蒂的祖母因中风引发了早发性痴呆症。虽然刚刚结婚，但米丝蒂和她丈夫都欢迎老太太去和他们一起住；就像米丝蒂小时候一直由祖母带着那样。这位善良的孙女从律师助理的全职岗位离职，转而在家开办自己的公司，于是工作时间少了，薪水也少了。尽管如此，米丝蒂还是能够在家照顾她生病的祖母，还能支付一些必要的医疗费用。

但是，财务负担很快越来越重。账单飞快堆积，米丝蒂缩减后的工资已经负担不起。于是她开始思考用更巧妙的方法来补充收入。首先，她开始销售森斯蒂斯（Scentsy）的产品，并用赚到的利润作创业资金去取得艺术经营商的执照。这推动

她开始在当地销售自己的艺术和手工艺品，又额外带动了在易集上的工艺品业务。

两年不到，米丝蒂就用在本地销售艺术品的收入偿清了她祖母的 16000 美元医疗账单。她还用三次创业和建立的省钱博客中赚到的钱还清了个人贷款、研究生助学贷款，以及她和丈夫回归校园的另外开支，同时还能够支持她的其他热情——在 KIVA.org 为其他女性、妈妈和社区领袖提供小额商业贷款。米丝蒂写道：

> 这些在家开办的小企业让我有了缓冲空间，还让我获得了梦寐以求的财务自由。虽然我还有很长的路要走，但我很幸运不用再担心诊所账单、个人形象支出、学校费用、意外怀孕、汽车和房屋维修开支、家庭医疗支出或是我自己的健康保险缴费。三年前，我用 100 美元作为初始资金，然后像滚雪球一样用这笔资金创立了三家企业，也为我的家人带来了更好的生活。

非常令人惊奇，是不是？虽然这些成就确实令人钦佩，但我更喜欢米丝蒂说她自己最大的成功是能够负担她祖母留在一个长期护理机构中的开支——由于病情恶化，她祖母在这里能得到所需的专职医疗。米丝蒂的祖母现在不用负债也能生活在一个美丽、安全并且有人看护的环境中了。

有目的地去赚钱

米丝蒂还主动帮助那些勇于改变自己命运的人创建未来。我认识数百个为了一个目标而寻找创造性方法增加收入的女性，米丝蒂就是其中之一。再读一遍下面这句话：

为了一个目标。

- 不要养肥银行账户
- 不要买最新上市的小玩意
- 不要说我们有
- 不要觉得别人会羡慕你们有辆豪华汽车
- 不要为了赢得年度最佳网站的奖励奔忙
- 不要想着用自己富有创造性的营销计划让别人惊叹

我们应该专注于赚钱去影响我们的家人、所爱之人，让他们过得更好。此外，专注于赚钱的时候，还应该帮助社区和身边努力的人。在本书中，你已经读到许多女性通过赚得收入偿清债务、独力养家、投资教育、支持自己热爱和信仰的事物并获得财务自由的故事。这些女性已经进入了财务自由的核心，也养成了慷慨生活的习惯。

我们生活在一个消费主义的世界里。作家克莱夫·汉密尔顿写道："在市场社会，我们寻求满足却将就于富足。富有的囚徒们，我们可以自由地消费，却无法自由地寻找自己在这个世界中的位置。"[1] 误导信息充斥于广告、电视节目、杂志，甚至是朋友和陌生人身上，蚕食着我们的思想，决定了我们的价值观、我们的关注点以及我们的优先事项。我们几乎被驯化，得到更多就感觉更快乐。我们在更大和更好中寻找意义。我们不断不断不断地花销更多，只为了看上去或感觉不错。

但是，我们并非为消费而生。我们生来有更多的使命。我们注定会成为金钱、时间、价值观和优先权的管家和明智的管理人。

我知道阅读本书的人中有一些正面临严峻的财务困境，赚取收入事关生存。我都明白。而且我并不是要让你难受或表现刻薄，就因为你迫切地想知道怎样才能弄到钱保证下个月的生活能继续。

就在我们结婚的头几年，生活越来越拮据，我们无法为自己相信的事业慷慨付出，因为我们赚来的每一分钱都要用来支付头上檐、盘中食。除了保证每周给当地教堂的捐赠，我们毫无余裕去做其他事。对了，我们经常用自己的时间和精力去帮助别人，或放弃那些通过配对促销优惠券而免费得来的额外物品（如厕所用品或家居用品）。我们还试着尽可能节俭地生活，希望财务状况很快就能好转。

因此，如果你正勉强度日，不要气馁。下一章中，我将会分享一些方法，让你也能用自己的事业帮助别人，即使你没有很多钱可以花。同时，我也希望这一章能够鼓舞你眼光放长远，梦想要大。如果你的财务决策很明智，比如努力工作和坚持预算，最终你不仅能改变家庭财务状况，还可以帮助别人改变命运。

找到正确的心灵空间

管理好金钱是一项挑战，它需要牺牲、无私和管理能力，也意味着要不断清查我们的内心、欲望和渴望。

作为一个写省钱和存钱小窍门的写手，我经常被问到一些类似的问题，比如怎么存钱，什么时候应该消费，以及钱应该花在什么上面。当我接受各类媒体采访时，我时常发现采访会囿于实践性问题，比如询问节省生活开支的小窍门。

虽然我很愿意给出建议（对，这是我谋生的方式之一），但我总是试着把话题从"怎样"转移到"为什么"上。

你知道吗，如果涉及财务时没有找到正确的心灵空间，那么世界上所有的赚钱和省钱技巧都将毫无意义。比如，如果你将金钱视为通往幸福的道路，或是不停地担心没有足够的金钱，或觉得中彩票是找到最终平静的门票，又或是把金钱当作工具来争取更大更好的目标。

我很喜欢作家萨缪尔·约翰逊写的："人们需要不断被提醒，而不是被指示。"[2] 也就是说，这个章节并不是关于节俭生活的经验，而是要聚焦于节俭生活的意图。考虑一下你为什么要赚更多的钱。如果仅仅因为你能够买更多的东西，我可以马上告诉你并不值得。你拥有的越多，想要的也会越多。再多也不够。

如果你想要过一种令人惊叹的充实生活，你必须为超越自己更大的目标而活，那是物质欲望、别人的赞美之词或是一长串的荣誉之上的东西。开始试着专注于做出改变。仔细思考什么才是最重要的。

去年夏天，科罗拉多州遭遇了一场蔓延的山火。许多我们认识或知道住得靠近这些致命火灾发生地的人，不得不多次撤离他们的社区，而且不知道回去的时候他们的房子还在不在。虽然我们的朋友都没有受到任何损伤，但不幸的是，一个朋友的朋友最终失去了家园，因为山火吞噬了她家所在的地区。

被当地官员要求撤离时，这家人正准备去看一场足球赛。这只是几天来许多次撤离中的一次，因此他们没想太多，匆匆赶去看足球赛了，只从家里拿了一些个人物品。他们在外面住了几天，在此期间没有收到任何关于财产损失的通知。当电话终于响起，他们以为可以回家了，结果却被告知一个毁灭性的消息：他们的整座房屋和所有的物品都被烧光了。

悲剧发生几周后，我花了一整天和这家人的母亲待在一起。她跟我细述整个故事，满眼泪水。她告诉我在一片废墟中寻找幸存的财产是多么痛苦，除了厚厚的灰烬他们一无所有了。

接下来的几周，我不停地回想起我们的谈话。眨眼之间失去一切，只剩下身上的衣物，我不断想象这会是什么样子。我一直沉思：我的成就难道建立在我拥有的物品之上？还是建立在我拥有的财产之上？又或是建立在银行存款之上？

虽然这家人没有损失存在银行的钱，并且最终从保险公司那里获得了保费，保费涵盖了大部分被烧掉的物品，除了包含感情的东西，比如照片。但是他们的故事很好地提醒了我：我的成就不应该简单建立在我所拥有的物品或我赚到的钱之上，因为，这些东西能够毫无预警地被夺走。

更广阔的视野

伙伴们，事实是：金钱本身无法带来满足。要有更大的目标，而不仅仅是赚钱、有钱，然后赚更多的钱、有更多的钱。在《爱、跃、跳：开始同意的冒险之旅》（*Love, Skip, Jump: Start Living the Adventure of Yes*）中，作者 Shelene Bryan 写道："我并不关心你是否会把某些事情搞砸，我担心的是你会在无关紧要的事情上取得成功。"[3]

有许许多多的事情值得我们付出时间和精力。生活中有很多条路可以导向成功，但是长期来看，只有很少的事情是真正重要的。

第 4 章中，我提到了宝贝睡觉吧网站的创始人妮可·约翰逊。在我们的邮件往来中，她提到了自己事业成功的细节。

她的网站每个月能迎来超过五十万访客。她预计接下来的两到三年内，公司每年将会产生 100 万美元的收入。她的十位雇员都在家工作，包括妮可，保持着健康的生活平衡。虽然这些都很精彩，而且对此我很赞赏，但是这些邮件中真正让我印象深刻的是妮可认为的对她最有意义的东西：

> 其中最赞的部分是我们在帮助别的家庭，这太值得

了！我们不断收到人们发来的邮件，说我们如何改变了他们的生活，拯救了他们的婚姻，让他们的家庭更快乐。

伙伴们，这才是成就。生活归根结底不是流量，不是令人惊叹的营销技术，也不是所得的收入。生活是带来影响——给别人的生活带来影响。

在过去的十年中，我因为自己所做的事受到了很多批评。我从随意又粗鲁的评论里，从那些有过度分享怪癖的人发来的奇怪邮件里，还有那些疯癫负面的评论里看到这些批评。有些人甚至发来长邮件详细叙述了他们对我所选择的生活的关切。这些我读到开头几个字就知道是一篇负面的评论，虽然我很想立即就点击删除键，但我还是忍住了。我花时间仔细读了这些批评，扪心自问是不是真的像这个人说的那样。我很多次发现，生活中的某个地方或心态需要一些重估或成长。另一些时候，这些批评不过是些消极的咆哮，我也认识到应该接受某些读者的失望。毕竟，他们和我、我的丈夫或孩子没有私交，也不知道我们所处的情境的细节。

有一种我遇到的最烦人的邮件和评论，来自那些恼怒于我靠博客赚钱的人。甚至有几个朋友和熟人，也对我不仅从博客，还通过写作和演讲赚钱的策略表示过不满。

就在上周，我和一位挚友出去闲逛。在我们谈话的过程中，她看着我的眼睛说："克丽丝特尔，你觉得自己应该赚更多的钱，这样才能给予别人更多，对吗？"我正要做出回应，她又毫不迟疑地继续说道："在这一点上我并不认同你。"

我被她大胆的评论给惊到了，但是我意识到她对我的信仰有误解。我不得不停顿了一会，思考要怎么跟她解释我的目标不是赚更多的钱，而是给别人带去影响，同时让自己的生活保持健康平衡。我回应道："我的目标是做一个好管家，管好我所拥有的东西，用我的平台、精力、时间、天赋，甚至金钱，带来一些改变。"我的朋友对我的话感到很意外。这场对话提醒了我需要确保传达出去的信息符合我的最终目标——影响别人，使他们过得更好。

第6章我曾谈到贝丝，她是一位单亲妈妈，靠在亚马逊上卖东西来支撑整个家庭。虽然她很兴奋自己的事业取得的巨大的发展能够支撑家人度过困难时期，但是她还想做更多。她体内孕育着梦想，相信自己可以回馈他人。贝丝写道："我依然相信自己可以在事业上做好更大的准备，这样我就能专注于内心真正的渴望——帮助其他妈妈，特别是那些单亲妈妈。"

几年前贝丝在当地教堂工作时，注意到很多妈妈都很困顿，不是有抑郁症，就是感觉要被责任和要求的重量压垮，或是被掏空了活力和激情。她们中有些仅仅需要一两句话的鼓励，有些则需要更大的支持。贝丝很高兴能和这些女性进行深入交流，和她们分享自己怎样放弃一段不健康的关系，独自抚养孩子。

几年过去了，贝丝从未失去这样的愿望，希望向这些跟她一样的母亲伸出援助之手，并试着了解有哪些更永久的方式能够帮助这些妈妈们，也许是写一本书，或者是在附近组织一个单亲妈妈团体。即使在考虑这些选项的时候，贝丝还在继续热情地跟她见过的妈妈们分享自己的故事，鼓励这些母亲。最终她想到了办法！我很欣赏贝丝能够专注于实现自己内心的愿望，去帮助其他妈妈的行为。

贝丝会按照重要程度排列优先事项，而别的企业家并不会这么做。在创业并看着事业起步的兴奋中，人们很容易就会过于投入想让事业成功，而忘记来自内心最深处的重要目标。

就像我前面所说，对此我深感愧疚。我追逐数字、美元符号和赞誉。我想在这告诉你，这么做并不值得——只会让你精疲力竭，毫无建树。就像金钱，再多也不够。

虽然我鼓励设定目标努力工作，但是还需要平衡来调和。是的，我说的就是"平衡"这个难以捉摸的词。我们常常听到这个词，对吗？似乎每天我读一篇文章、博客或一本书的书名，它们都在告诉我们平衡有多重要，以及怎样找到平衡。但事实是：我不认为有人能取得完美的平衡。实际上，我相信平衡这一概念实际上是指为了不堕入潮流而不断做出小的改变和调整的这种行为。

我还记得 2013 年夏天观看尼克·华伦达（Nik Wallenda）在科罗拉多大峡谷走钢丝的现场直播的情形。他每走一步我都屏气凝神，当他最终走完全程到达大峡谷的另一端时，我松了一大口气。我被他和他的故事给吸引了，因此我购买并阅读了他的书《平衡：钢丝上的信念、家人和生活》（*Balance: A Story of Faith, Family, and Life on the Line*）。我着迷于他的故事，以及他是如何成为一名成功的走钢丝的人的。

走钢丝是一项异常困难的运动。它需要艰苦的训练、注意力和专注。就像《科学》（Science）杂志所说：

> 在固定的木板和梁上保持平衡已经够难了，但是绳索又增加了运动的不稳定因素。绳索不仅会自己摇摆，还会随着人的运动而移动，迫使行走在上面的人不断地变化姿势。[4]

我觉得这一点对于我们的生活来说也很重要。就像我前面所说的，人生没有终点，你时常需要做一些小的（有时候是大的）调整，比如怎么做事情，改变时间表，或是改变优先排序。

评估和改变你的优先排序

下一章我将分享一些故事，故事中的女性成功地改变了她们的优先排序；我还会分享一些点子，帮助你开始（或继续）慷慨生活的目标之旅。但是就目前而言，我会给出一些自我标记，可以用来确保你的心灵空间保持在正确方向，以有意义的方式用自己拥有的东西去影响他人，而不是仅仅因为想要更多就去追逐更多。

在哪里存在，就在哪里绽放

你的事业在不同的时期会有不同的面貌。旺季的时候，有做不完的工作和赚不完的钱；淡季的时候，需求衰退，利润随之减少。最重要的是，记住充分利用你拥有的一切。

戴维·斯图尔特（David Sturt）是《纽约时报》畅销书《是你让工作不一样》（*Great Work：How to Make a Difference People Love*）的作者。几年来他进行了大量广泛的研究，发现了激发热情做出改变和最终取得卓越之间的联系——即使你的工作并不如你想的那么迷人。斯图尔特认为不论你是公司的清洁工还是CEO，所做的事都包含着成就伟大的因素。他认为，当我们因可能的成功这种宏伟愿景而分心，就会遇到各种麻烦，比如厌倦、挫折和不满。而这种所谓的成功只有当所有的外部变量都完美组合运行时才能获得，比如占据市场统治地位、具有合适的团队或是赚够了钱。或者，当我们专注于目前所拥有的事物时，他说："我们的心态发生了转变，从把自己视为必须完成任务的工人转变为要成为与众不同的人。"[5]

视角很重要。没有什么事业是完美的，也不是所有事情都能一直按照计划进行。因此就像圣方济各·沙雷所说："在哪里存在，就在哪里绽放。"[6]不管你的处境如何，财源滚滚或是辛勤劳动却毫无收获，考虑下做这些事：

- 不断用热情和感恩之心服务客户。
- 注重细节，不断创造一流品质的产品。
- 坚持努力工作，实践事业的使命陈述。
- 坚持及时地回复邮件、问题、信件或咨询。

- 坚持专注于正在发生的正面事物——不论多小。
- 坚持设定目标，然后分解成小目标，并每天向着它们努力。
- 坚持花时间在生活中建立健康的平衡点，确保你的健康和人际关系。
- 坚持看到别人最好的方面——顾客和同事都是。

选择感恩

当你环顾四周，总有些人比你拥有的更多：也许是更好的商业构想，也许是通往成功的捷径，也许是更好的产品，也许更有天赋，也许有更广泛的顾客基础，也许更有钱，等等。

生活中充满了看似不公平的事，如果你对此念念不忘，很快就会变得气馁、不满、彻头彻尾地失意。但是，如果你积极寻找，生活也充满了美妙的事。改变生活的视角和心态虽然不会改变你的境况，但绝对能改变你的感觉。

表达感激并不需要花钱，也不需要思考和气力，但却能改变我们的人生观和事业。举例来说，就在上个月，我非常惊喜地接到一个参加全国性媒体正在热播的节目的机会。我惊呆了，因为能获得梦寐以求的位置，同时也被可能打开的局面所鼓舞。部分演播过程是和制片人进行访谈，然后去纽约市经历一场"化学测试"，看我的个性和其他电视节目主持人是否合拍。制片人发给我一份问题清单，是关于他们希望我在面谈中讨论的内容。我只有几天时间去准备，于是我花了好几个钟头准备、练习，甚至想象、预测过程会如何。当这一天终于到来，我的兴奋之情溢于言表。接着，就在访谈开始前几个小时，我收到一封邮件，来自这位制片人。她写道："我很抱歉，这个节目设定了新的方向，因此这次我们不能合作了。"

我心里一沉。这真的很令人失望，特别是之前我花了三天为这个节目做精神准备。沮丧中生出沮丧，在我心里憋了好几天。这时候要么就此消沉，抱怨没有被选上；要么感激一开始自己曾被考虑。我决定选择后者，我想告诉你，这真的改变了我的视角。总有一些事值得去感激。如果你开始寻找值得欣赏的事物，会发现周围到处都是。

去年，我养成了写感恩日志的习惯。它让我在经历的一些健康问题上保持积极、感恩的态度。当我早晨起床后，会读圣经，祷告，写下至少一行来自昨天的祝福。日子时易时难，但每一天我都能想到一些美好的事物。真的，"感激让我们拥有的变得更多"。

活在当下，而不是活得完美

我很喜欢肖娜·尼基斯特（Shauna Niequist）的书《面包和红酒：一封给餐桌食谱生活的情书》（*Bread and Wine: A Love Letter to Life Around the Table with Recipes*）。这本书感动了我，启发了我，改变了我。它让我愿意花更多时间在厨房里、在餐桌上。

让我印象最深的是这句：活在当下比活得完美更重要。[7] 肖娜告诉我们，沉浸于让生活变得完美——把所有的事情做好，并不断做好——将让我们错过当下。

当你必须要去赚一笔外快，将会迅速变得忙碌。但是，在研究、改进、阅读、调整、扩张、头脑风暴、建立、创造和改变的过程中，不要忘了你身处的生活本身。

我们的生活很容易在核查计划、目标和待办列表中匆匆而过。在此过程中，我们把自己变成了生产力的源泉。

在这个过程中却忘了喘息。

去减速。

去回味每一刻。

去享受当下。

不论你处在生命中的哪个阶段，不管你在做什么，你可能会觉得工作没完没了。总能找到更多的项目去处理，更多的邮件去回复，更多的电话去拨打，更多的线索去跟进，更多的事情去研究，更多的环节去改进，更多的方式去广告，更多的想法去执行。你必须要做自己的老板——不论你是不是自由职业者——并且要设置适当的参照物。做力所能及的事，尽力做到最好，然后坦然接受。

与其追求家庭和事业的完美，我更愿意活在当下。我想鼓励你也这么做。

你可以用下面这些方式来活在当下：

· 积极聆听那些因你销售的健康产品而有所不同并因此

心怀感激的顾客的意见。

- 把客户当成人类，而不是消费者。

- 为那些帮助你建立事业的人做些好事。

- 记得花时间陪你所爱之人、家人和朋友，即使你的邮箱爆满，工作到很晚。

- 给迫在眉睫的项目期限预留空隙，因为你的孩子也许有让他兴奋的事想要和你分享，你的丈夫也许想要和你看一场电影。

- 为收到好消息的同事精心庆祝。

- 打电话时花点时间问问对方最近怎么样，而不要一下子就跳到生意或你打电话的目的上来。

- 给工作时间设定界限，不要让工作侵蚀你的生活。

活在当下，而不是活得完美。这是我最想要的生活方式。

更大、更好的愿景（而不是事物）

最近，我看完了布伦登·伯查德（Brendon Burchard）写的《充电》（*The Charge*）。虽然我不喜欢书里出现的诅咒话语，但还是发现里面有些内容非常鼓舞人心。我特别喜欢下面这段话：

你想改变吗？那么，不管在什么环境下，都不要让自己停留在一种毫无益处的愿景、感召或简单的改变之中。如果你想弄清楚生活中的事物，那就让它成为你生活中的大事、好事、光彩的事，这样你就会起床追寻它，直到你掌握它或者死去。产生一种没有安全界限，甚至让你害怕的欲望，它会要你发挥自身最好的品质，带你偏离自己的轨道，进入陌生的新天地。而改变你生活的这种欲望，也会改变整个世界。[8]

这些话促使我重新评估了自己的优先排序。

我不想在生命的尽头回望来路时，悔恨自己耗费太多时光追逐毫无意义的事物，除了使银行账户渐丰。

- 我想有所作为。
- 我想每一天都好似最后一天一样生活。
- 我想把我的生命、精力和时间投入到具有持久影响力的事物中去。

去年，我找时间整理出了自己最重大的人生优先事项，就是那些我决心付出努力和时间的事。我写下来的包括：

1. 与上帝之间培养充满活力的关系。这意味着我要花时间阅读上帝的语言，祷告，阅读那些在精神上鼓舞和挑战我的书，去让我感到精神满足的教堂，与那些每天把我引向上帝、激励我亲近上帝的人为伴。

2. 在婚姻中投入时间和努力,让婚姻牢固,兴盛,持续长久。这意味着我要用特别的方式让我丈夫知道,他是我的最优先级,我会在他身上投入思想和精力,我会保持爱情的火花飞扬,我也会做出选择,表明我丈夫于我而言才是最重要的。

3. 培养孩子的性格,让他们成长为改变世界的人。这意味着我要每周花时间教导我的孩子,我要积极地倾听,爱他们,为他们祈祷,教育他们,给他们读书,让他们有机会在我身边服务,当我做错时请求他们原谅,在他们面前尽量做最好的榜样。

4. 努力让家人有稳定的财务支持,让他们能够成为慷慨的给予者。这意味着我要花时间阅读研究与财务问题相关的项目,我要撰写、演讲财务相关的主题,还要继续学习所有有关财务自由和省钱技能的知识,倾听评论和邮件里读者阐述的正在寻找的需求,我要提供资源帮助他们满足这些需求,最重要的是我要实践自己的理论。

5. 鼓励女性有目标地生活。这意味着我要带着目的和意图生活,撰写和演讲相关的主题,寻找新的案例和新鲜的想法,和女性沟通带着目的生活的理念,还要创造资源去鼓舞、去激励女性。

我能看到自己此生完成这些事情吗？只有上帝知道。但是我确实知道，用具有影响力的方式投资我的生活将使每一天都值得期待。我不必怀疑我的生命是否重要。我不必盼望自己能够找到值得投入时间好带来改变的事物。我已经知晓我生命中的轻重缓急，现在我只需要每一天醒过来，活出来。

通过这本书建立你自己的计划，会让你的财务状况和生活变得不同。我会为你高兴，也希望你能跟我一样高兴。但是永远要记住，还有更多。

我要你思考自己的关注点、自己的优先排序、自己的愿景。你为何而活？你在思考长期目标吗？你只是想挨过下一个小时吗？如果你想要过一种令人惊叹的充实生活，你必须为超越自己的更大的目标而活。别再只是努力让自己快乐或舒适，开始专注于改变别人的生活吧。即使你的事业才起步，甚或你还不知道自己想干什么，你仍然能做到这一点。

这让我想起了我的好朋友丽莎-乔（Lisa-Jo）。她既是一位作者，也是一名环球旅行者，还是三个孩子的母亲，她相信"母亲应该穿着自己的超级英雄斗篷"[9]。丽莎-乔给全世界所有的妈妈们带来了一种心态和愿景，这些女性每天给孩子换尿布，拖着孩子去做游戏，修修补补，大战脏衣服，等等。所有这些被认为妈妈应该做的琐事，让她们觉得自己"只是"妈妈。

在丽莎-乔的书《令人震惊的母性》（*Surprised By Motherhood*）出版之前，我给她发了邮件，问她我能为推广这本书做些什么，因为我从这本书中找到了深深的共鸣。在我们的邮件往来中，她告诉我她心中酝酿的大梦想，她想通过博客赚更多的钱，来改善南非毛班（Maubane）的一个村庄的生活，这个村庄有 150 个成年人和 250 个孤儿。丽莎 - 乔生在这个国家，长在这个国家，并且已经参与到建设这个村庄的任务中来。她的愿景是筹集足够的钱，建立一个社区中心，一个蔬菜园，几间教室，一个操场，一处干净的水源，等等。

丽莎 - 乔向订阅她博客的人（大部分是全职妈妈）发起挑战活动"爱上隔壁的世界"[10]，给他们提供机会、财务支持或其他东西，意在对这个村庄的儿童产生积极的影响。目睹她为推广这项活动的激情和爱心，我深受鼓舞，也参与进去，鼓励我的读者去参加。反响非常惊人。看着不断涌进来的捐款我都起了鸡皮疙瘩。我收到很多来自读者的邮件，感谢我让他们知道这个机会，同时也跟我分享了为什么他们想捐款并愿意在这个过程中做出牺牲。

丽莎 - 乔点燃了全美数百个家庭心中的火种，他们为这个村庄捐款的总额达到 5 万美元，每个人的捐款额度从几美元到几百美元不等。她能做到这一点不是因为她的博客有成百上千的读者，而是因为她心中有一团火，不屈不挠地致力于改变。

就在前几天，我收到一封来自她的邮件，其中有一张照片的链接，我看到了这些钱为这个南非的小村庄带来了怎样的改变。当我滚动图片，看到蔬菜园、运动场、水源和刚开始建设的社区中心和厨房，我不知道是该喜极而泣还是大声欢呼。

丽莎 - 乔是一个很好的例子，告诉我们一个心存愿景的女性如何成就比自己更重要的大事。她通过无畏、慈悲的努力，打开了数千名女性（不仅仅是妈妈们）的双眼，让她们寻找到更大的意义，更多的满足感，以及超越平凡的梦想。

你所具备的影响他人的热情，也许不是为南非筹钱，建立单身妈妈团体，帮助父母让孩子在晚上睡得更好，或是照顾你年迈的祖母，但总有一些事能够激发你。甚至是现在，你正在阅读的这段文字。不论大小，也不论边界是全世界还是你邻居家的院子。朋友，我深信：你生在这世上不仅仅是为了活着度过每一天，赚一笔可观的收入，期盼周末，或按时还车贷。

你生来是要带来大变化的。

9 怎样回馈? 条条大路通罗马

> 我发现助人的益处之一是它解放帮助者的心灵。
>
> ——玛雅·安吉罗

二十三年前,凯伦突然发现自己变成了带着三个不满四岁小孩的单亲妈妈,与此同时,她也成了一名企业家。她认为自己应该和孩子一起,但同时也需要一份收入来源,凯伦开始烘焙递送新鲜烤制的面包,后来又增加了松饼、曲奇和蛋糕,对象是当地的企业和个人。

创业的第一个圣诞节,有位顾客要求在篮子里放一些糖果。这种定制化的产品好评如潮,凯伦受到启发,将自己的事业专注于制作礼品篮,而不仅仅是烘焙面包,于是就诞生了"乡村美食"(Country Gourmet)。凯伦最终开设了一家实体店,发展生意,扩大顾客基础——包括企业客户和当地医院。

虽然凯伦的优先选项是能够在财务上支持自己的家庭,同

时能够保持灵活的工作时间，但是她还想要给自己的社区带来
影响。刚开始，她将 10% 的收入捐献给当地教堂，有时甚至
拿出额外的 20% 捐献给需要的寡妇、当地孤儿院，以及儿童
之家和传教士。有一个圣诞节，她帮助一对年轻夫妇支付了律
师费用，以便他们能够收养一个可爱的女孩。

一些财务顾问建议凯伦削减慈善捐款来提升利润，但是她
拒绝了。她有一颗慷慨的心，用自己获得的机会带来改变，并
且努力工作以获得成长。

我爱这一点！看到一些人行为的驱动力是帮助他人而非谋
求利润，这一点让人欢欣鼓舞。这是寻找人生意义和满足感的
途径之一。它有关于认识到我们的世界比我们所处的境况、遭
遇的问题、我们的需要、我们的欲望、我们的成功都要大；也
关于主动并采取行动；还有关于发现并满足（别人的）需求。
里欧·罗斯顿（Leo Rosten）说过："人生的目的不是快乐，
而是要有价值，要富有成效，要成为有用之人，让自己的人生
与众不同。"[1]

1990 年，在朋友的帮助下，萨里塔创办了 Sonlight 课程。
这是一家很小的公司，为包括传教士在内的人提供家庭课程。
二十五年后，Sonlight 已经在全美五十个州及多个国家蓬勃
发展。

萨里塔不仅将自己在车库里通过头脑风暴想出来的点子转
变成了一家国际企业，还有意识地用自己的事业为全世界带来
大不同。比如她的第一个项目，使得印度超过八千名女性能够

学习阅读。通过自己的事业，萨里塔能够提供更多的捐赠（她的公司将 50% 的利润都捐献给了慈善组织）。2013 年，他们领导的团队捐赠了 360000 美元给印度的儿童圣经俱乐部。

建立一份捐赠预算

想要用自己的事业带来改变，这样的想法很好。拥有一颗慷慨的心也很棒。但是，仅仅想是不够的。如果你没有行动计划支持，空有宏大想法，你将只是在原地徘徊罢了。

我想鼓励你优先考虑有目的的慷慨。从最开始，在你刚刚设定业务预算时，就要下定决心做一个"捐赠预算"。将这笔钱专门用于投资别人，慈善捐赠，帮助需要的人，等等。

也许在你刚开始创立公司的时候这样做会有些困难。毕竟，最初的几个月可能根本产生不了多少利润。但是不要让这影响你。你可以在赚到净收入时立刻将捐赠付诸实践，慢慢地它也就成了持续性的做法。伴随"伸出援手"而来的不仅是无尽的喜悦，还有努力工作的动力。并且，看到自己劳动的成果和不断增加的利润，甚至比偿清债务、还完车贷或攒钱更能带来满足感。

你要牢记以下这些：

明智地进行选择。不要让施财变成一种愚行，或是不加选择随意施舍。花点时间，考虑你愿意支持的组织和事业是什么样的。确保它们能贴近、深入你的心灵，确保它们在财务上合乎道德并且与它们的使命陈述相一致。

似乎随处可见有人在寻求资金扶助。虽然很多这类请求都是为了公益事业，但是不要仅仅因为自己的罪恶感就盲目捐赠。当你为此产生同情，或是你和具体的公益事业、个人或慈善机构联系密切时，再进行捐赠。

由于我们每周都能收到很多捐款请求，我和杰西定下策略，尽量不把钱捐给与我们没有私交或没有个人联系的人。听起来或许有些严苛，但是却真正地解放了我们，让我们能够去研究自己特别热衷的组织。推动我们寻找那些努力平衡收支的单亲妈妈，给她们送去匿名支票；或是去寻找那些需要一个过冬暖炉的家庭，买给他们；又或是为突然失业的邻居支付房贷。

我们的人生哲学是站在那些真正努力却无喘息之力的人身侧，给他们提供一些帮助。我不愿意捐款给那些仅仅想要一笔毫不费力的施舍的人，并且认为这样做也是不明智的。

长期追踪一些组织或事业。随着企业发展，我们会很乐意寻找一些能够长期合作的组织。虽然我们还是会时不时四处捐赠，但我们更喜欢将大部分的捐赠直接给那些不断发展着的组织和事业。随着时间推移，这种做法不仅会带来巨大的影响，还让我们能够和特定的组织建立长期的关系。

考虑定期捐赠。如果你的预算中留给慈善捐赠的空间很小，也有很多组织接受不间断的小额捐赠。比如，你可以通过国际致善协会资助一个小孩，每个月只要付出 40 美元。或者，你可以每月赞助肯尼亚悲悯之家（Mercy House Kenya，这是一个我很喜爱的组织!), 只需 10 美元。

保留收据。因为捐赠, 你也许可以有资格减免税款, 或冲销税款, 这取决于你捐赠的对象。建议你和会计师或税务筹划人员咨询一下, 询问如何追踪你的捐款的细节问题。

捐赠的一些好创意

玛格丽特在一篇博文的评论区评论道, 她很庆幸自己所拥有的一切, 虽然并不多。她受到鼓舞, 想要给别人捐款, 因为她意识到这个世界上还有许许多多的人甚至缺乏最基本的生存条件, 比如食物和适当的医疗。玛格丽特并没有几千美元的积蓄, 也没有六位数的薪酬, 或是零贷款的房子。她赖以支撑家庭的仅仅是一份工资, 还有需要偿还的债务, 但是她仍然想要自己的一生留下痕迹。就在最近, 她为一对夫妇提供了一笔小额贷款, 这对夫妇的女儿去世了, 他们想要抚养外孙长大成人。虽然这需要她对自己的预算做出一些调整, 但玛格丽特非常高兴能够帮到这些人, 因为她自己就曾把孙子拉扯大, 她理解伴随责任而来的牺牲。

参与捐赠能够提醒我们真正重要的东西是什么。下面是一些创意, 关于你可以怎样运用自己的金钱, 不管多少, 都能带来不同:

- 支持一家当地慈善机构。

- 为一位单身妈妈或一对需要休息的夫妇请一个保姆。
- 为一个经历财务困难的家庭购买超市礼品卡。
- 多留一些小费给那些努力平衡收支的服务员。
- 捐赠食物或洗漱用品给当地的流浪者之家。
- 通过国际致善协会，每月花 40 美元资助一个小孩。
- 打包生活必需品（比如肥皂、袜子、燕麦棒、牙膏等等），放在你车上的杂物箱里，随时递给无家可归的人。
- 打电话给当地的妊娠危机中心或重返社会训练所，问问他们最需要什么，做出贡献去满足这些需要。
- 带着实用的物品，比如牙膏、香体露、礼品卡和适用于自动售货机的零钱，拜访当地医院给那些留在医院陪伴所爱之人的人。
- 向当地公益食品仓库捐赠食物，这些食品仓库往往急需健康的主食。
- 匿名在某人的门前留下一袋日用杂货。
- 捐赠保存完好的衣物。
- 邀请你认识的经历了特别艰难的几个月的人出来喝咖啡、看电影或用餐。有时候人们仅仅需要一个感觉"正常"的机会。

另一种活得慷慨的做法是支持那些乐于捐赠的公司和个人。比如，多年来我们一直在使用一家大企业的虚拟主机服务。头一个季度一切良好，但是大约两年前，我们的网站开始有很多令人沮丧的技术问题。因为这家托管服务网站雇用了数千人，从在帮助页面提交故障单到等待回复，再到解决问题，这个过程异常漫长，常常要花好几个小时，牵涉不同班次的多个技术人员。至少可以这么说，这种经历让我们感到很愤怒，也浪费了很多时间。

我们开始考虑其他的选项，我的经理推荐了他认识的一个曾在一家大网站工作、现在为自己工作的人——马克。在跟马克交流之后，我们觉得他非常适合接手我们的业务。我们也很喜欢跟他一起工作。不仅是因为有问题时可以获得直接、及时的个人帮助，还因为我很欣赏马克的做法，他雇用了一名远在印度的员工来解决半夜出现的问题。马克支付给他的工资不仅养活了他的直系亲属，还能够补贴他的大家庭。

现在，当我需要短期或长期雇用一些人时，我很喜欢和那些致力于给予、改变当今文化的公司和承包商合作。当我研究有潜在合作可能的公司或承包商时，看到他们的网站上写着致力于回馈社会，我就会感到很兴奋！

慷慨生活也要有预算

在我写博客的头几年，我的博友香农·劳（RocksInMyDryer.typepad.com）就和国际致善协会一起去过乌干达。她的任务就是在博客上直播由 CI 策划的在那个世界里的儿童援助宣传活动。我通过她的网站跟踪了这次行程，并被永久地改变了。

当时我的丈夫在失业中，我们的财务状况真的很艰难，但是读完她的博文之后，我意识到其实自己拥有很多。我还记得当我读到香农描述她拜访的村子的生存状况时的愧疚心情。

这些贫民区就跟你从照片上看到的非洲城市贫困的情景一模一样。孩子们穿着破衣服四处乱跑，成年人坐在家门口，很多人试着售卖东西，更多的人则在乞讨。街头明渠中污水横流，鸡牛随意散养，露天市场的鱼带着苍蝇一起卖。就跟我想象过数百次的情形一样，就像我在无数的非洲照片上看过的一样。但是，站在那里，看到，闻到，握住这些孩子的手，感觉又极其不一样。

我的家人有足够的食物，有干净的水源，有衣服可以穿，有屋顶可以遮蔽风雨，还有室内管道，以及其他一些称得上是奢侈品的东西。虽然我们似乎很拮据，但是并不真的知道贫穷的面孔。因此，即使我们的预算已经非常紧张，我们还是决心通过 CI 资助两个小孩。我们放弃了每几个月出去撮一顿的预算，用来积累资助基金，直到我们的收入增加。跟乌干达人的居住环境相比，这最起码是我们能做的。

你知道吗？我们很庆幸能够迈出这一步，去捐赠，即使这意味着我们要做出一些小牺牲。并且，我们明白了无私慷慨地奉献的越多，得到的也会更多——不一定总是以金钱上的收益这样的形式，而是多种不同的形式。真的，"给予比获取更幸福"[2]。

我的博客不断成长,最令人兴奋的就是让我们有了更多的资源去给予。我们能够通过 Show Hope* 去资助收养,以实际的方式帮助我们的读者,通过 CI 资助一个多米尼加共和国的儿童生存项目,资助南非的贫困社区的特殊项目。想到上帝正在通过这个博客为贫困者带来食品和衣物,我就异常兴奋。

我认识很多预算紧张的人,他们极大地简化自己的消费习惯,但是仍然有意识地去回馈社区,去展示爱,去帮助失业的人,去照看生病的邻居。

我们都能有所付出。我们的慷慨合力会带来很大的不同,不管是对我们生活的社区,还是遥远国家的人来说!

并且你并不需要投入多少。真的不需要。不要仅仅因为自己没有额外的 100 美元用来捐赠,就觉得对慷慨生活无能为力。我希望你因为自己能够做到的事而充满希望。相信我,你能做的事很多!如果你感觉已经达到了极限,下面的一些方法可以帮助你利用少量的收入或不需要金钱就能带来影响:

- 捐赠图书给当地图书馆、学校或社区中的成员。
- 如果你是一个优惠券女王,囤积了大量的洗护用品、家居用品或清洁用品,可以把它们捐给附近有需要的家庭或当地收容所。

---

* Show Hope 是由 Chapman 夫妇于 2003 年发起的关爱孤儿的运动,旨在打破待收养儿童和领养家庭间的障碍,重燃希望。目前已帮助了来自五十多个国家超过 5500 名儿童,还有 2300 多名儿童通过 Show Hope 的中国护理中心获得了紧急医疗和特殊援助。

- 购买来自第三世界企业家的手工制品。比如，
  HeavenlyTreasures.org 的使命是帮助发展中国家的人们，
  让他们能通过自己的手工艺和创造力打破贫穷的怪圈。
  这个组织专注于手工艺品项目，想以此带动微型企业
  的发展，带领这些地区的人民走上自给自足的道路。

- 从那些回馈社会的公司买需要的东西，比如鞋子。举
  例来说，顾客每买一双鞋，TOMS 鞋业就会捐赠一双
  给有需要的孩子。

- 做志愿者。很多阅读我博客的读者都告诉我说他们获
  得了机会去当地的流动厨房、医院、教堂、学校或慈
  善组织服务。访问 VolunteerMatch.org 寻找一个离你
  近的服务机会。

- 商店折扣、清仓甩卖的大幅降价商品，你可以捐赠给
  当地的家庭或组织。

- 要有社会责任。把回收利用作为优先选项，循环利用
  资源（纸、技术、物资），节约能源，做到浪费最小化。
  从具有道德责任和环保意识的公司购买服务和商品。

- 为年老的邻居取药，或询问是否需要送他们去看医生，
  或是帮忙跑腿。

- 帮助同时做好几份工作的邻居割草或除草。

- 为家里刚生小孩、刚有人去世或生病的邻居送去速食。

- 贡献你的才能。如果你爱好摄影，那么就给财务困难
  的家庭拍一组照片。如果你爱好缝纫或编织，那么就

为当地收容所或医院织一些毛衣或围巾。

• 帮生病的人清理屋子或洗衣服。

慷慨解囊，亲近家园

有些人花太多的精力去帮助远方的人，却忘了我们眼前还有许多人需要帮助。我想讨论一些切实可行的生活方式，让你能够就近产生影响。

威廉·亚瑟·沃德曾说过："不只是归属，更要参与；不只是关心，更要帮助；不只是笃信，更要实践；不只是公正，更要友善；不只是宽恕，更要忘却。"[3]家人、朋友、亲人、客户、顾客或邻居，只要花时间关心这些日常接触的人，你就能产生很大的影响。当你释放你的友善、恩惠和怜悯，带来的连锁反应将显现持久的效果。

我要承认，有时候做到这一点很难，特别是当人们因为无法控制的因素而心烦意乱，当人们反应过度，或当人们因为不是你的错误造成的问题而责备你时。不过，不要回敬以同样负面的行为，而要优雅对待，耐心地纠正他们的问题，我发现这样做能够带来意想不到的效果。

当我们第一次发布名为超市大学（Grocery University）的可下载的超市储蓄卡课程时，进行了一次大规模的打折促销，短时间内就卖掉几千件产品。就像所有这种规模的促销都会有的，我们也在这个过程中经历了一些小故障和不顺。

另外，销售中有大概 30 分钟，网上支付系统崩溃了。于是，我们收到几十封顾客的邮件，他们都遇到了下载问题和支付问题。有些人毫不迟疑就喷出怒火和不满，各种狂言乱语。我告诉我的团队，我们可以给购买中遇到困难的人提供免费下载，同时还要给那些付款后遭遇技术问题的人退款。看着那些怒气冲冲的顾客因为我们的反应而迅速转变态度真的令人觉得很奇妙。许多人纷纷表示感谢，表现得很有礼貌，有些人甚至为先前的暴怒而道歉。

帮助他人有许多种途径，或大或小。探讨建立和培养与朋友及亲人的关系之前，我想要先来说说眼下你能够做些什么，能立即就给自己的事业带来不同：

- 为客户走得更远。
- 关心人们。问问他们做得怎么样，听听他们的问题，表示出兴趣。
- 对待供应商要有礼貌、公平、讲道德。
- 给你的顾客寄送手写的单子（比邮件更费事）或小礼物，表达你的感谢。
- 对待怒气冲冲的顾客或客户要尤其有耐心。考虑他们的观点。
- 给予别人指导、训练，或分享有价值的知识。如果有人刚开始创业，给他提供你学到的深刻见解，帮助他们一路发展。

我还做过一件简单的小事，为他人祈祷。每当我读到博客读者给我发来的邮件或评论，说他们正在经历一段困难的时期，我都会停下手头的事，为他们祈祷，过后告诉他们我在想着他们，也特意为他们祈祷。很惊奇我所做的这点小事会对人们具有如此重大的意义。这也让我与他人同在，而不是被自己的小世界淹没。

投资于人，经营关系

多年来，我并没有多少亲密的朋友。我有很多点头之交，但是很少有能推心置腹的人。

我是个缺乏信心又喜欢取悦别人的人，因此总是在一段关系中踟蹰不前。我不想说错话或用错方式。为此，我通常不与人分享我的所想所为，以及内心深处的挣扎。

虽然这让我在一段关系中免于太过受伤，让我更"安全"，但也意味着大部分时间我要饱尝孤独。我渴望亲密的友谊，但却害怕兀自敞开的心扉将脆弱无依。

从缺乏自信到信心满满，这段个人心路历程让我彻底涤故更新，也让我有勇气踏出安全区域，去更真诚地接触身边的人。

这花了好几年的时间，但是我很庆幸现在有了一群真正的密友。这些朋友会不顾一切地帮助我；会倾听我的心声而不会觉得我疯狂（也许有时会觉得我疯癫，但仍然爱着我！）；给我带来活力；在我需要时说出真相；也让我乐于和他们混在一起，分享生活。

当你的生活和发展正盛事业被卷入猛烈的漩涡，经营一段高质量的友谊非常重要。你无法将自己隔绝于笔记本电脑、成长目标、财务抱负或市场策略的帷幕之后。没有人是一座孤岛，不是吗？

和朋友、家人一起度过美好的时光，是激励你、推动你提高效率的有效方式。它使你不再精疲力竭、垂头丧气。努力投资于你周围的人吧，你的配偶、孩子、父母、兄弟姐妹、邻居以及你的朋友。

下面这些方法可以用来建立友谊：

- 花时间倾听，即使是你年迈的邻居唠唠叨叨跟你一遍又一遍重复相同的故事。
- 每一天都发一条消息告诉你的配偶："我爱你。"
- 写一段鼓励的话给处于困境中的朋友。
- 为你的姐妹祈祷，并且让她知道。
- 送一包糖果给与抑郁抗争的朋友。

不论你是和女儿一起过家家，和朋友喝咖啡聊天，还是和邻居一起做晚饭，都要投入。正视别人的眼睛。倾听。用心倾听。问合适的问题。全神贯注于对方，不要被电子邮件和脸谱网打扰，展现你真的在关注，这会带来很大的不同。

牺牲和祝福

不久前，我得到了一样正需要的东西，因此非常激动。购买之后，有一种精神强烈地鼓动我把这样东西送给一位正陷入财务困境的朋友。

我挣扎着想要跟随心灵的指示，虽然我知道我们也正需要这样东西，并且不知道能不能立马找到好的替代品。但是我心甘情愿把它给我的朋友，因为我从心底知道这是我应该做的。

这样做能带来无限乐趣。并且，我意识到，如果有需要我总是会付全款，因为随心而动比存钱更重要；同时，我知道没有这样东西，我们的生活还是能过下去。于是我明白我可以尽可能地等待，看看有没有下一次销售。

两天后，一位熟人发邮件给我，让我一扫沉郁。她说有一个包裹想寄给我，能不能给她最新的地址。你能猜到包裹里面是什么吗? 正是我送给朋友的那样东西，不过更大，更好。

最近几年，我慢慢明白给予别人多余的东西很简单，但是真正的慷慨需要牺牲。慷慨生活并不必然意味着因为你给无家可归的人 20 美元，或因为你给予了别人一些东西，就自我感觉良好。

鉴于我并不迷恋物品，赠送别人东西也能带来乐趣，于是就比较容易做到。比如，如果我想处理掉旧衣服和旧家具，把它们送给朋友而不是放在慈善箱中真的是牺牲吗? 并不是。

另一方面，给予别人我的时间和精力，经常会让我觉得很挣扎。需要搁置我规划好的一天去满足别人生活的需要，这种时候我经常很吝啬。

当一个孩子需要我丢下手边的活去帮助他，我会很沮丧被无端打扰；或者当我丈夫打电话叫我帮他跑腿，我的第一反应是恼怒。

对我来说，这些给予是最要紧的。因为这些给予真的需要我付出。

我发现每次做出牺牲给予别人，最后都会觉得很幸运。这激励了我放开更多，把手臂伸展得更宽广。

当玛利亚想到要付出些什么来为他人祝福时，她的爸爸很快有了些主意。他在菲律宾有一家硬件和汽车用品店，也明白资助那些不太幸运的人的重要性。玛利亚的爸爸不仅为家人种植稻米，而且还把一部分收获捐赠给当地的教区神学院和社区中的穷人。他是一位谦逊的人，因为慈悲和慷慨的精神而受人爱戴。

几年前，他的店铺所在区域发生了火灾。他只能眼睁睁看着店铺周围的建筑在大火中烧起来，很快在他眼前化为乌有。当大火迫近他的店铺，顷刻间就要摧毁它，他却被什么东西给吸引住了。玛利亚的父亲看到一队人，正是他在镇上供养和服务的那些男人、女人，正一个接一个地传递水桶，想要扑灭大火。大概是勇敢的行动起到了作用，火势被控制住了，这真是一个不折不扣的奇迹。店铺保住了，没有被火焰吞噬。

玛利亚的父亲的感激之情无以言表，他尽最大的可能向这些无私的男男女女表达了谢意。有个人拍了拍他的背，告诉他，因为他为大家做了这么多，她不能坐视店铺被烧毁。哇！听到这个故事时我情不自禁地跳了起来。

你的人生给他人带来的价值、你能够给他人生活带来的影响都是惊人的——即使看起来你并没有什么可以给予别人。莎拉是一位博主，她的博客几年来已经成长为一个规模可观的平台，也给她带来了一些收入。她用这笔钱支付日用百货和其他，而她丈夫的收入虽然不规律，却支付了所有其他的开支。

作为一名身体有障碍的孩子的母亲，莎拉总是特别关注那些残疾的孤儿。一年前，就在她的家庭收入刚够支付账单的时候，她就非常想要把博客的所有收入捐赠给特殊需求（残障）孩子收养倡议团体。这的确是非同寻常的财务牺牲，特别是考虑到当时她丈夫的事业发展缓慢。

在做出最终决定之前，一位企业家伙伴给了莎拉一个毕生难忘的建议："你以完成上帝的事业（帮助他人）为先，上帝会照看你的事业的。"当莎拉想到世界各地的大量需求——从饥荒到无家可归，从疾病到弃儿——她意识到自己的幸运远远超出自己所认为的。于是她毅然决定捐赠。她是这样说的：

因此虽然我们经历了本年的低谷，食物供应也减少了，但我还是决定把博客赚到的收入直接捐给为等待领养的特殊儿童设立的领养基金。结果呢？不仅我翻倍完成了目标，而且前所未有地，一个患有唐氏综合征、从来没有享受过家庭之爱的小男孩，终于找到了他永远的家！我的家人也从未经历饥饿！是的，当孩子们想要一些零食和玩具时，我们不得不拒绝，但是当我们意识到我们的家庭带来的影响，我们认为这些牺牲都是值得的。

像这样慷慨生活，引发了一种仁爱的生活方式，浸润到她丈夫的事业中去。她丈夫的公司现在赞助了许许多多的救济和慈善机构，而莎拉继续将博客收入捐赠给残疾儿童收养组织和其他有需要的孩子们。

我们最伟大的愿望之一应该是心甘情愿地用自己最好的东西帮助别人，不求回报，并甘之如饴。这样，当我们结束人生旅程的时候，可以没有遗憾地说，我们已经尽自己所能给予别人、帮助别人了——有家人、有朋友、有需要帮助的陌生人，也有挣扎中的邻居，还有那些从未谋面的人。这样的人生才是真正带着慷慨精神而活的。

10　成功的最后关键!

起航，勇敢、明智地去冒险。

——贺拉斯

终于到最后一章了。也许你已经开始展开计划挣钱，不论是为了养家糊口，还是为了某种财务目标，又或是为了帮助财务困难的人建立备用资金。

我希望读完这本书，以及我有幸见过的这些女性的奇妙故事，能够……

- 激发你的创造性。
- 激励你的心。
- 催生你的愿景。
- 催发你的想法。

我想告诉你，我为你掌控自己的财务、梦想、策略和未来感到骄傲。我从心底赞赏你，为你鼓掌。

通过这本书，我们一起见识了能够增加你收入的做法、实例和可能性。你也已经学会怎么做到：

- 释放财务自由的力量，简约生活，帮助他人。
- 发现自己的独特技能和天赋、激情和知识，配以已有的市场需求，能够提供创收途径。
- 采用合适的步骤研究、学习、理解最好应建立、经营什么样的事业，即使中途会遇到艰难险阻（一定会）。
- 明确你开展事业和构想的原因，有效调整你提供的服务或产品、品牌、营销方式和其他商业需求。
- 拓展思维，考虑赚取剩余收入，以及许多其他的可以采用的聪明赚钱法。
- 当你的事业需要扩展财务和人力时，用渐进、稳定的方式来实现成功增长。
- 征服阻挡在路上的破坏者，包括不安、害怕失败、缺少时间和健康的工作—生活平衡。
- 调整看待生活和金钱的角度，开始为慷慨帮助他人而生活。
- 有目的地通过大量方式给予，不论是财务上、时间上、注意力上，还是陪伴你最亲密的人。

在我开始写本书最后一章时，我想谈论一下期望。我无法断言需要多久你才能开始赚到钱，也说不好你能赚到多少。我也无法说清你的构想会带给你怎样的挑战。同样我也不能给你分期计划，帮你在预计的时间内发展某种事业。

请继续看下去。

我能告诉你的是，去走一些弯路，比如一些可能不会成功的计划、通不过的合同，还有赶不上的截止日期、无法实现的销售等，你可以依靠这些挫折。

期待改变，并且知道如何应对

虽然在着手创业时拥有一个长期计划是明智的策略，但是要明白计划会随着生活的改变而改变，环境会变，机会也会变。事业上的挫败才是现实。也许你的广告带来的客户没有想象中多，也许你发现市场上已经充斥着类似的产品，又或许你发现另一家承包商而不是你谋得了唾手可得的工作机会。

就在不久前，我收到一封来自读者的邮件，她有全职工作，却迫不及待地想要开始自己创业，但是她一直不断碰壁。几天前，她很兴奋自己获得了一个虚拟助理公司的面试，并且很有自信能够拿下这个职位。尽管她尽了最大努力去准备并保持积极的态度，但最终还是没得到这份工作。她很气馁失望，感到沮丧灰心。她渴望减少通勤，更多地在家，更少地和工作绑在一起，但到目前为止，每次她试图找一份在家的工作，碰到的都是一扇甩在她脸上的门。她觉得寸步难行。

也许你能理解。

我的另一位朋友非常努力地工作来发展他的线上生意，也取得了很好的结果。但是近几个月，进程显著减慢了。实际上，他生意的步伐停顿甚至退步了。我的朋友很沮丧，因为他投入了很多时间和精力，现在却毫无所获。

在很多方面我都能理解他，因为就在我开始写这本书之前，我经历了事业上的一次重大挫折。有那么几个月，我的脸谱网主页流量暴增，每周都有数千名新的关注者。那时我试验了很多不同的方案，最终总结了一套系统，比如什么时候发帖，怎样发帖。这个策略的效果出乎意料地好，参与度和点击率都达到了历史最高。

那几个月，回报很丰厚。2013 年，脸谱网的关注者增长到二十多万，导流的结果是我们网站的流量数翻了一番，访问人数（不重复）也达到以前的两倍。这种增长非常惊人且引人注目，它是自发的，我们并没有在脸谱网上花一分钱广告。将近一年以后，我们在脸谱网发布的一条消息像病毒一样传播开来，这真是见所未见。像疯了一样，数百万人看到了这条消息，有几十万人喜欢并分享，我们的脸谱网页面关注者人数涨到了六十万，已经很庞大的脸谱网互动量也在膨胀。我非常兴奋！2014 年我们设定了很多大胆的目标，这样的发展势头实在是帮助我们"一步登天"，意外迅速地达成目标。

但是五天后，发生了一些怪事。似乎因为一条消息的病毒式传播，脸谱网决定不再让别人看到我们发布的消息了。我不是开玩笑。过去我发布的消息有30%（经常达到50%）的关注者会看到，现在似乎只有1%～3%的关注者能看到。

评论和赞，零星地这边一撮，那边一撮。流量急剧下降。收入骤跌。

我们花几周时间尝试了所有可行的办法，但是并没有使情况好转。我实在是束手无策。我从未经历过这样反常的事情。过去无论我们在脸谱网上出现什么状况，试验几天之后，我都能弄明白怎样调整发消息的方法，然后就能恢复正常，甚至做得更好。

但是这一次，我们以为会有效的解决方法并没有改善眼前的问题。我做了研究，也进行了祷告，还和其他脸谱网主页君进行了讨论。我做了更多的研究，更多的祈祷，这次的问题真让我抓狂。

我们过于倚重脸谱网来获得流量，一旦我们的脸谱网主页出问题，也就传导到其他部分——流量、收入、互动，以及通过发布的消息帮助别人的能力。如果情况没能恢复，我担心问题将长期持续下去。而我刚刚增加一些新的开支，包括升级我们每月的网页托管服务和雇用团队新成员。我们还能赢利吗?

我感到很沮丧，而我的家人也不禁注意到我的压力，并受到影响。我没有办法休息，也没有办法享受。我不能全身心地享受生活，享受和家人在一起，因为我不停地分析有什么方法可以改善脸谱网主页，对如何挨过这段漫长的时间，却一筹莫展。我烦闷，失眠，暴躁。

最终我意识到所有这些担忧和沮丧并不能带来任何好转。我尽了全力去修复这些问题，并退后一步重新评估脸谱网和整个生意，还有怎样恢复、开始新篇章。

我采取了三项行动让我从挫折中恢复过来，它们不仅让我重归平静，还帮我找到新的激情和目标。

重提"为什么"

深陷在流量和脸谱网的互动问题中让我意识到我的热情和满足感被数据而不是激情所驱动。

我必须停下来，重新评估事业背后的"为什么"。我花时间仔细考虑了我最初建立 MoneySavingMom.com 的所有原因，并不是因为我可以建立一个庞大的平台或有一个热门的脸谱网主页（我建立自己事业的时候还没有脸谱网主页！）。

我的"为什么"是帮助他人找到省钱的实践技巧，这样他们就能获得自由，因带着目的生活而感到幸福。

提醒自己这一最初的使命确实改变了我的视角，寻回了我的热情，让我有了新的驱动力去继续。我写了几篇早期博客风格的文章。我想谈一谈日常生活，我在这些文章中分享自己的思考，学到的经验，以及和家人在一起做的事。那是些让人看到我的家庭和家人的文章，是我从心底发出的，未经加工的，没有矫饰的文章。

老实说，我很担心返回到这种老式的博文创作中。互联网已经迅猛演进，变得更漂亮、更专业，你应该明白，就像拼趣那样的完美。如果我分享一些日志类型的文章，里面满是我和家人的日常生活和照片，我不知道读者们会怎么看待——如果他们还在看我的文章的话。但是这都出自我内心，因此我写了一个条目解释为什么我要做出改变，然后全身心投入。

反馈始料未及。读者都很支持，很明显他们渴望现实生活的东西。他们在评论中的互动甚过以往，我也收到更多邮件和评论感谢我做出改变。假如我的脸谱网主页没有遭受挫折，这一切都不会发生。它让我重获对博客的热情，让我的读者重获阅读的热情！

就在不久前，我在一个下午茶会上和一位作者坐在一起。她跟我分享了自己计划写的一本书，还把书的概略让我先睹为快。我觉得她的主意真是太棒了，而且值得期待。她对整个写作项目非常热情，我打断她道："你感受到此刻对写作这本书的热情和激情了吗？还有写作这个主题的必要性？还记不记得你告诉我这本书最终会帮助到别人？我建议你记住此刻的感觉。记住这种激情、热情、愿景和目标。因为当你开始写作这本书时，可能会遇到许多困境，需要你牺牲和挣扎。如果在艰难的时候，不去回顾自己当初的'为什么'，你会很快失去活力，写完之前就燃尽自己的热情。记住要让这种激情驱动你去写作。"

你的"为什么"又是什么呢？是为了给家人提供财务支持？教会别人更有条理？给身处困境的人带去希望？帮助街边的寡

妇？还清你女儿最近做手术的医疗账单？还清家里的信用卡账
单？为社区青年中心做贡献？不管你赚钱的原因是什么，记住
你是为什么而去赚钱，始终把这一愿景摆在眼前。

记住进步

如果我们只盯着离期望还有多远，挫折便会让我们气馁、
失去勇气。我因为脸谱网的状况沮丧了好几周，但我最终醒悟
过来，意识到这样做徒劳无益。并且说实话，几年前，我可能
会为今天的成就激动万分——如今我们取得的远远超乎我的梦
想和想象。

当我熄灭心中怒火，反过来去看我得到的极大的幸运，也
就看到了许多值得感激的奇事。于是我为之鼓舞和激动！

就在今天，我收到来自博友的一封邮件，说她收到亚马逊
的邮件，通知她在她网站上的推广费用需要减到以往的四分之
一，她为此感到沮丧。眼下，她博客最大的收入就是来自亚马
逊的这部分收益了，因此她非常震惊于收入的骤减。她束手无
策。鉴于我也遭遇过亚马逊的这种对待，他们曾将支付给我的
费用从 8% 削减到 0.8%，我很明白她的沮丧感受。看着自己
的辛苦努力从指缝中溜走，是一种毁灭性的打击，感觉自己好
像无能为力。

庆幸的是，我能够和她分享我们在脸谱网上的挫折是怎
样促使我打破常规的。通过改变自己的策略，转变努力的方
向，投入到其他一些领域，我们慢慢地赢回了一些流量。虽

然还达不到此前的高度，但是持续上升的趋势令人鼓舞。和这位博友的交流提醒我自己一路走来获得的成果。现在，我不再被脸谱网的数据所困扰，相反，我感到充满勇气和希望，为了自己的领悟而激动。

不要因为一朝失策而彻底消沉。用这样的经历鼓舞自己去创造性地思考，去激励自己反思自己的选择和策略。做到这一点，你就取得了进步。并且，专注于做出的改变，不管是一小步还是大飞跃，你也就把注意力和时间从挫折转移到继续向前冲上了。

反思预期

由于脸谱网上的变化，我不得不改变自己的预期、计划和目标。这不是失败，是变得现实。

我需要停止与过去对比，需要基于目前的状况建立新的目标和计划。否则，我会不知所措，不断地落后，就像我永远地输掉了。

把不切实际的预期卸下肩头，让我无比释然，让我再次为微小的成功而窃喜！

忘记一夜成名吧！把希望放在缓慢但稳定的增长上。

不要期望每一个想法或每一个策略每一次都能成功。认识到失败是学习过程中的一环。

不要以为自己永远不会遇到个人问题或恼怒的顾客。想象自己会遇到困难的境地，需要示人以善意。

不要觉得自己已经了解了经营公司的全部奥义。要知道一路上会有大量的学习曲线和挣扎。

不要期望昨天有用的三个月后还能奏效。要随着周围变量的变化而不断试验、学习。

最后的寄语

当你为财务自由带来的可能性跃跃欲试，当你对一个具体的想法进行头脑风暴，为一项可能的事业努力处理细节，或者你已经在欢庆获得第一位客户，我想最后再给你三把钥匙。

始终如一

我相信成功最大的标识就是始终如一。如果你是一位博主，这意味着定期发布好的内容，回应你的读者。如果你拥有一个店面，就意味着每天按时打开店门，提供高质量的产品。如果你是会计师事务所的咨询师，意味着每一份合同都要带来优质的服务。如果读者、消费者、客户或顾客知道他们可以指望你，他们就会定期出现，购买你的服务和产品。

不论你选择做什么，都请认真对待。记住自己的承诺。对待自己的事业就像被雇用的时候对待工作一样，因为你正是在为别人工作：你的顾客们！

不久前有人问我成功的秘诀。我回答："没有什么秘诀，我只是努力工作。"每周除了周日我都会更新博客，从 2005

年持续至今。

我写了无数的博文。相信我，虽然我真的热爱写博客，但是总有些日子我宁愿做些其他的事情，比如补个觉。我熬夜、早起、节假日也工作，也有艰难和疲惫的时期，但是承诺、动力和始终如一给我带来了巨大的回报。

这本书计划在我建立自己事业的第十个年头出版。我回望这些岁月，意识到自己今天所处的地位与曾经的预期相差甚巨。我一直以为自己会有一份副业，但从没想象过会全职经营自己的事业，比全职工作赚得还多，而且还有一个十六人的团队！

回望过去，看到法学院的经历（我们曾以为会让我丈夫开启成功的职业生涯）最终成为了一项更大，大到难以想象的事业的垫脚石，这真是令人惊奇。我丈夫在法学院学习的那些年间，我们学到了许多经验，这让我们能够传授给全世界数百万的家庭，如怎样削减日用账单，怎样使财务状况井然有序。我们在财务上的不断努力让我们对勉强度日的人更富同情心，也更能设身处地理解他们。我们在拮据吃紧时坚持按预算生活，从中获得的经验让我们能够鼓舞其他人，在财务上有目的地生活。那些年我们没有额外的回旋余地，只能艰苦生活，但是满足感让我们甘于这样的生活，即使现在收入显著增加了也还是一样。当你始终如一地出现、工作、坚持，带来的可能性也许令人惊叹。

保持专注

如果你想要完成某件事，那就停下手边其他事。是的，我明白，眼下你也许为商业构想的清单或待办清单一筹莫展。你想要建立自己的网站，开始写博客，约见三位潜在顾客，寻找你所在区域的社交活动，研究广告选项，阅读三本商业相关的书，以及研究你所在区域的许可法规。

你脑子里游荡着各种想法，但是还要处理现实事务、日常生活。比如要去买一条裙子出席你姐妹的婚礼，为你儿子的生日派对做一个蛋糕，处理完堆积如山的杯碗碟盘，还要遛狗，看望你的母亲，写很多逾期的感谢信。

要一件一件地完成待办列表上的事情，同时处理多个任务看起来是一个非常有效率的策略。尽管有研究显示女性比男性更擅长多线任务，但这并不必然意味着我们都能做到并做好。实际上，同时应对多个任务会导致精力分散，结果可能一事无成。

为了用一种有效的方式专心完成工作，需要一个无干扰的空间。隔绝噪声，每次专注于一件事。为任务设定特定的时间段，不管是二十分钟还是一小时。

到发邮件时就发邮件，按照优先排序处理邮件，在这个时间段内不要停止；该研究时就只做研究；需要打电话时就只打电话。

如果你习惯用电脑工作，同时还在手机上打开一系列应用，听着手机不断收到消息，你会对无干扰环境下二三十分钟的整块时间所能完成的工作量感到惊讶。

并且，一旦你习惯一次只做一件事，你会发现自己的拐点，也就是你精力不济，需要停下手边的活稍事休息，以便精神振作地重新投入工作的时间。个人来说，我发现自己的有效工作时间是二十到三十分钟，然后我会奖励自己五分钟的休息时间，来查阅邮件或在线阅读一些文章。如果我正在做一个需要大量脑力劳动的项目，我通常会设定二十分钟的时间来琢磨，接着设定十五分钟的时间来清空思维，或和孩子玩一会。

记住什么才是至关重要的

了解赚钱的基础是一件好事，这很聪明。通过建立财务自由的基础来投资你的现在和将来，这很明智。但是如果你研究、分析、聚集想法、收集信息、执行策略、打造产品，或磨炼技能，却缺少一个能影响他人的愿景，这一切也就失去价值了。你的努力缺少意义。于是你的精神时而痉挛，感觉空虚，就好像丢失了什么。

我想告诉你我最近读到的两个故事，它们让我想起我们的影响力来。

克丽丝汀是我博客的读者，她发邮件告诉我，她的朋友拉尔是堪萨斯城的一名小企业家。六年前，拉尔和她的家人作为难民来到美国，开了一家亚洲超市，服务于日益增多的缅甸难民。拉尔真正的乐趣是支持社区中的年轻人，并且觉得自己的超市正是服务于这一目的的工具。她明白来到这个国度的年轻难民在试着适应、融入这个社会时，很容易受到不良影响。

拉尔知道要具备大的影响力，首先要做的就是扩张她的店铺，开一家餐馆。她为了拿出更多的利润注入针对年轻人的项目，就在第二年开了一家餐馆。今年夏天，搬到新址后仅五个月，厨房已经在建设，拉尔与缅甸钦邦社区的一些青年领袖合作，开设了青年活动部。她为孩子们开设了一个为期九周的项目，包括语言课、每日一餐、精神指导、交通，所有这些都是免费的。

克丽丝汀帮助拉尔经营企业，被她朋友充满激情的愿景和信念惊到了。她说：

> 我不像拉尔，做不了企业家，因此我们为这个夏天做计划的时候，我不断看到各种"符合逻辑的"管理上的原因在告诉我们不应该去做（比如没有足够的教师，也没有课程，等等），但是拉尔就是不放弃。她忠于神给予她的愿景，并且服务了 50 个孩子。

这真是非常强大的作为！拉尔明白自己的事业是一个中介，通过它可以产生影响，于是向前推进，实现增长，给年轻人带来不曾有过的机会。

影响他人并没有放之四海而皆准的做法。不论你是贡献自己的时间、资源还是金钱，以任何方式帮助别人都是慷慨生活的核心。

普鲁厄特是一位带着两个孩子的单亲妈妈。她的小儿子有身体障碍，还患有一型糖尿病。假期常常很辛苦，虽然这位母亲无法给孩子所有想要的东西，但是孩子们受到关爱，被仔细照顾，也有需要的一切。当她现在十几岁的儿子还在上幼儿园的时候，学区内很多孩子都处于贫困中，普鲁厄特对此感到悲伤。了解到他们中很多人都没有收到圣诞礼物，普鲁厄特为他们带去了惊喜礼物，并且一直这样做了好多年。

一段时间之后，在一个当地团体之家的项目中，普鲁厄特"收养"了两个在当地没有家人的十几岁男孩。当圣诞节再次来临，男孩们说着自己希望得到的礼物，都是些日常用品，比如外套、帽子、内衣裤。普鲁厄特很震惊，孩子们竟会把这些东西看成是"礼物"。

她以及她的孩子们决定，送给这些男孩期望的礼物。这意味着她必须要把她大部分的圣诞预算花在这些素未谋面的孩子身上，也意味着她的家庭要做出牺牲，但是他们很乐意。普鲁厄特买礼物打包好，团体之家的一位志愿者到她的办公室取走了这些礼物。

几周之后，普鲁厄特换了一份新工作，离家更近，工资更高。在原来公司的最后一天，保安通知她前台有一个寄给她的包裹。普鲁厄特告诉我：

我以为是一包需要我填写的离职调查文件。我领了回来，并没有多想。当我回到家，我想起包里装的包裹。让我震惊的是，这不是什么离职调查文件，而是一幅带镜框的照片，上面是团体之家的圣诞树，圣诞树下有我们送过去的包裹。团体之家的所有男孩都在上面签了字。这张照片到现在还放在我衣柜上面，我每天都会看到，并会想起那些男孩。那一年的圣诞节我为这些素未谋面的孩子封装袜子、帽子，但是意义远超于此。每一天我都非常庆幸自己曾经改变了他们的生活。

记住，朋友，你是传播祝福的工具。你生来是有目的的。你有独特的天赋、技能、知识、激情和经验。

用这本书讲到的想法和实践工具画出成功路线图。一定要记住，钱是第一个也是最重要的工具，它不仅能带给你的家庭更多的财务平衡和稳定，还能为你的社区和身边的世界带来改变。

保持梦想，不断设定目标，不断把目标切割成小目标。不断前进，即使你觉得自己是以蜗牛的速度前进。

不要放弃！不要相信那些说你一无是处的话。

你就是自己唯一的存在。世界需要你的故事。世界需要你的天赋。世界需要你。

愿你的人生成为改变世界的一股力量。

"赚钱妈妈的宣言"（The Money-Making Mom Manifesto）是对本书要点的总结。作为一个企业主，很容易陷入每一天的紧张细节之中，忘掉自己的"为什么"。这份宣言就是帮你把"最重要的事情"放在首位的重要方式。想要下载一份免费打印文件，请访问 moneysavingmom.com/manifesto。

赚钱妈妈的宣言

- 我决定做出明智的财务决策，致力于为我（和我的家人）建立财务自由。
- 我决定发掘自己的技能、天赋、激情和知识，并以此决定以何种方式将它们转化成获得收入的机会。
- 我决定考虑是否要建立自己的企业，为自己工作是未来的可行选项之一。
- 我决定为自己的事业或构想创造言简意赅的愿景，制订一个可行的行动计划。
- 我决定研究探索通过剩余增长、多样化经营和其他方式赚钱的可能性。
- 我决定平稳地发展我的事业，在我负担得起之前，不会轻率地增加开支或雇员。
- 我决定要超越恐惧、失败以及不安的压力带来的麻痹感。
- 我决定致力于慷慨生活，把我的时间、资源和金钱当作妥善使用的工具。

- 我决定把牺牲看作祝福，明白不论我怎样影响别人都将带来永恒的价值。

资　源

网站资源

MakeOverYourMornings.com

MysteryShop.org

WAHM.com

BloggingWithAmy.com

MichaelHyatt.com

AmyPorterfield.com

MoneySavingMom.com/make-money-blogging

PlatformUniversity.com

CompelTraining.com

图书资源

The Bootstrap VA by Lisa Morosky

*Eat That Frog: 21 Great Ways to Stop Procrastinating and
　Get More Done in Less Time* by Brian Tracy

EntreLeadership by Dave Ramsey

The Fringe Hours by Jessica Turner

How to Blog for Profit Without Selling Your Soul by Ruth
Soukup

How to Have a 48-Hour Day by Don Aslett

The One Thing by Gary Keller and Jay Papasan

168 Hours: You Have More Time Than You Think by Laura
Vanderkam

The Other 8 Hours by Robert Pagliarini

Quitter by Jon Acuff

Say Goodbye to Survival Mode by Crystal Paine

Secrets of Dynamic Communication by Ken Davis

Sell Your Book Like Wildfire by Rob Eager

Start by Jon Acuff

Steal Like an Artist by Austin Kleon

Tell Your Time (ebook) by Amy Lynn Andrews

21 Days to a More Disciplined Life by Crystal Paine

What the Most Successful People Do Before Breakfast by
Laura Vanderkam

What the Most Successful People Do on the Weekend by
Laura Vanderkam

播客资源

Brilliant Business Moms

Online Marketing Made Easy with Amy Porterfield

This Is Your Life with Michael Hyatt

Smart Passive Income with Pat Flynn

The Andy Stanley Leadership Podcast

The Art and Business of Public Speaking

参考文献

第 3 章 朝八晚五之外：为自己工作

1. "Babe Ruth – Quotes," *BabeRuth.com*, last modified 2011, accessed July 21, 2015, http://www.baberuth.com/quotes/

第 4 章 行动起来

1. P.J. Huffstutter, "How I Made It: Lizanne Falsetto, Founder of ThinkProducts," *Los Angeles Times*, March 27, 2011, accessed July 21, 2015, http://articles.latimes.com/2011/mar/27/business/la-fi-himi-thinkthin-20110327

2. "Our business idea," *Ikea.com*, accessed July 21, 2015, http://www.ikea.com/ms/zh_CN/this-is-ikea/about-the-ikea-group/index.html

3. Lindsay Kolowich, "9 Truly Inspiring Company Vision and Mission Statement Examples," Hubspot, August 20, 2014, accessed July 21, 2015, http://blog.hubspot.com/marketing/inspiring-company-mission-statements

4. "Harris Teeter, Inc.," *Company-Histories.com,* accessed July 21, 2015, http://www.company-histories.com/Harris-Teeter-Inc-Company-History.html

第 6 章 让事业成长

1. "Theodore Roosevelt Quotes," *TheodoreRooseveltCenter. org,* accessed July 21, 2015, http://www.theodorerooseveltcenter. org/Learn-About-TR/TR-Quotes.aspx

2. "How I Made It: Lizanne Falsetto, founder of Think Products," *Los Angeles Times,* March 27, 2011, http://articles. latimes.com/2011/mar/27/business/la-fi-himi-thinkthin-20110327

3. From a blog post on *JonAcuff.com,* accessed April 9, 2013 (site discontinued)

4. Rory Vaden featured on "Rabbi Daniel Lapin: Business Secrets from the Bible," February 9, 2015, accessed July 21, 2015, https://www.entreleadership.com/podcasts/rabbi-daniel-lapin-on-business-secrets-f

第 7 章 路途中的障碍

1. "The Wizard's Wisdom: 'Woodenisms,'" *Espn.com,* June 4, 2010, accessed July 21, 2015, http://sports.espn.go.com/ncb/news/story?id=5249709

2. Michael Hyatt, "Why Frequent Trips Outside Your

Comfort Zone Are So Important," MichaelHyatt.com, August 6, 2012, accessed July 21, 2015, http://michaelhyatt.com/outside-your-comfort-zone.html

第8章 慷慨生活

1. Clive Hamilton, *Growth Fetish* (London: Pluto Press, 2004), 213

2. Samuel Johnson, *The Rambler*, March 24, 1750

3. Shelene Bryan, *Love, Skip, Jump: Start Living the Adventure of Yes* (Nashville: Nelson Books, 2014), 65

4. Erin Loury, "How to Become an Expert Tightrope Walker," *Science*, April 18, 2012, accessed July 21, 2015, http://www.sciencemag.org/news/2012/04/how-become-expert-tightrope-walker

5. Rob Asghar, "How To Bloom Where You're Planted In 2014," *Forbes*, December 2, 2013, http://www.forbes.com/sites/robasghar/2013/12/02/how-to-bloom-where-youre-planted-in-2014/

6. 同上

7. Shauna Niequist, *Bread and Wine: A Love Letter to Life Around the Table with Recipes* (Grand Rapids: Zondervan, 2013), 166

8. Brendon Burchard, *The Charge* (New York: Free Press,

2012), 157

9. Lisa-Jo Baker, "About Lisa-Jo Baker," *Lisajobaker. com*, accessed July 21, 2015, http://lisajobaker.com/about-lisa-jo-baker/

10. Lisa-Jo Baker, "How to Get More Passion in Your Life," *Lisajobaker.com*, February 13, 2014, accessed July 21, 2015, http://lisajobaker.com/2014/02/how-to-get-more-passion-in-your-life/

第 9 章 怎样回馈？条条大路通罗马

1. Leo Rosten, "On Finding Truth: Abandon the Strait Jacket of Conformity (Text of an address by Leo Rosten at the National Book Awards in New York)," April 8, 1962, The Sunday Star, Washington, DC, E-2

2. Acts 20:35

3. William Arthur Ward quoted in Mary Jo Ricketson, Moving Meditation: Experience the Good Within (Bloomington, IN: WestBow Press, 2011), 39

出版后记

　　这是一本送给所有女性的书，它将教会你如何结合自身情况提高收入，产生影响力。它并不急功近利，也不会教人一夜暴富。也许你会有些失望，但这不正是生活本来的样子吗？成功本来就没有捷径，充满了挫折与挑战。

　　虽然如此，我们还是可以在这本书中找到非常实用的赚钱技巧。翻开这本书，你将学到怎样重新审视自己的财务状况，如何选择适合自己的创收方式，以及如何在力所能及的范围内进行慈善捐助、扩大影响力。

　　实现财务自由是很多人的梦想，在工作和生活之间取得健康平衡也是许多人的追求，对很多女性来说更是如此。作者在书中提供了大量实用又有启发性的建议，不仅探讨要怎样赚钱，也带你深入发掘为什么要赚钱，帮助你时刻带着明确的目标去行动，这样也就能胜不骄败不馁，不为眼前一时的得失迷惑双眼。

　　鉴于中美两国国情不同，书中有些点子可能并不完全适用。即使如此，书中的理念仍然很有借鉴意义。现代人的压力巨大，但同时机会也更多，市场更广阔。就像作者所言，没有放诸四海而皆准的方法，没有谁的成功可以复制，但方法背后的理念、成功背后的思维是相通的。不论你想要做什么，先探寻自己吧！发现内心的渴望，寻找自己的人生目标，发掘自己的技能和知识，参考作者的指导，一步步行动起来。也许终点还很遥远，但你总会离它越来越近。

而本书最吸引人的，是作者"慷慨生活"的主张。"慷慨生活"有丰富的内涵，并不只意味着传统意义上的"慈善"。作者提出，生活中有很多条路可以成功，但只有很少的事情是真正重要的；在无关紧要的事情上花费过多时间精力，是对人生的浪费。慷慨生活意味着你需要有更开阔的视野，要为超越自己的更大的目标而活，要相信自己生来是要带来大变化的，也意味着你要心怀愿景、活在当下。专注于给别人带来影响、带来改变吧。有了这样的愿景，做慈善，不管是捐钱捐物，还是身体力行，都是自然而然的事情。也唯有如此，金钱才是有意义的。

作者写省钱博客起家，一直专注于帮助女性攒钱、带着希望生活，相信这本书也能启发你，让你对自身的财务目标和现实有更清楚的认识，更自由地向着梦想前进。

服务热线：133-6631-2326 188-1142-1266
读者信箱：reader@hinabook.com

后浪出版公司
2017 年 11 月

图书在版编目（CIP）数据

会赚钱的妈妈 / (美) 克丽丝特尔·潘恩著；莫方

译 . -- 南昌：江西人民出版社，2018.7（2018.9 重印）

ISBN 978-7-210-10268-7

Ⅰ . ①会… Ⅱ . ①克… ②莫… Ⅲ . ①女性－创业－

通俗读物 Ⅳ . ①F241.4-49

中国版本图书馆 CIP 数据核字 (2018) 第 053445 号

版权登记号：14-2018-0064

会赚钱的妈妈

作者：〔美〕克丽丝特尔·潘恩　译者：莫方

责任编辑：辛康南　特约编辑：刘悦　张岳　筹划出版：银杏树下

出版统筹：吴兴元　营销推广：ONEBOOK　装帧制造：墨白空间

出版发行　江西人民出版社　印刷：北京京都六环印刷厂

889 毫米 × 1194 毫米　1/32　7.75 印张　字数 144 千字

2018 年 7 月第 1 版　2018 年 9 月第 3 次印刷

ISBN 978-7-210-10268-7

定价：39.80 元

赣版权登字 —01—2018—212